陪您的寶貝
學好國語

總主編
陳光

原書名：啟動小學生的國語天才思維

前言

　　或許你懷抱著夢想開始了求學之路；或許你背負著父母的期望走進了學校的大門；或許自從你走進學校的那天起就已經樹起了自己的人生目標……

　　你也許來自繁華的城市，也許來自樸實的農村，也許來自偏遠的山區……

　　其實，不管你來自什麼地方，也不管你的目標在哪裡，這個世界已經因為你而在改變。是的，因為有了你，家庭多了一份歡樂，父母多了一份笑容，親人多了一份榮耀，老師多了一份責任，夥伴多了一份友情，國家多了一份希望……

　　小朋友們，還記得你剛走進學校的教室時自己是怎麼想的嗎？或許你什麼也沒有想，只知道學校裡有很多很多的夥伴，有很多很多好玩的遊戲，還有和藹可親的老師。而每當早上你和小朋友們打開國語課本，開始朗讀那些故事和詩歌的時候，自己是否也沉浸在這種有如童話般的殿堂裡呢？是的，每一本國語課本裡面都有很多的知識和故事，這些知識讓你的頭腦變得更加聰明，而這些故事也會給你帶來更多的歡樂與遐想，你多麼希望自己一直在這樣的氛圍中長大呀！

　　只是不知從什麼時候開始，你的書包變得越來越沉重，老師也開始給你規定那些讓你必須背誦的文字和完成的作業，爸爸媽媽也開始越來越關心你的作業本上和試卷上的分數。當你試卷上的分數很高時，他們便會笑逐顏開，臉上充滿著自豪，而當你的分數達不到他們的理想甚至扛著一個大鴨蛋回家時，他們的臉上便開始由晴轉陰，接著就開始下起了暴雨。唉！可憐天下父母心，可是又有誰來可憐我們的小朋友呢？

　　從此你開始害怕去學校，開始害怕讀書，開始害怕考試，開始害怕見到父母。為什麼會變成這個樣子呢？是你錯了嗎？是你變笨了嗎？還是老師和爸爸媽媽錯了？

　　其實，你沒有錯，學習本來就應該是快樂的、輕鬆的，而老師規定的那些作業，卻給你增加了很多的壓力；老師也沒有錯，他們為了對自己所培養的學生負責，為了把小朋友們培養成為人才，為了檢驗自己的教育成果和小朋友們對知識的接受能力，他們唯一的檢驗方試就是考試；那麼，是小朋友們的爸爸媽媽錯了嗎？其實，天底下的父母沒有一個不是「望子成龍」、「望女成鳳」的，他們關心你的考試分數，其實就是關注你的未來呀！他們付出的是他們對小朋友們的愛，儘管這種愛過於嚴厲，嚴厲得幾乎讓小朋友們感到心中的壓力，

但這也是一種無私的愛呀！他們又錯在哪裡？

那麼，既然誰都沒有錯，爲什麼讓小朋友們的讀書變得如此辛苦呢？特別是在國語的學習過程中，有那麼多的東西需要去背誦、需要去死記。眞的讓小小年紀的你無從招架，久而久之，便對國語的學習逐漸失去了興趣和動力，成績也就自然而然的一落千丈。

其實，國語學習並非像我們的一些小朋友所想像的那麼可怕，甚至國語學習就像我們學習說話一樣，簡單而且必要！當然了，大多數小朋友之所以害怕學習國語，最主要的應該是害怕寫作文吧！有的小朋友絞盡腦汁，冥思苦想，卻始終無從下筆；有些小朋友在作文課上東抄一段，西摘一句，卻仍然達不到老師所要求的字數；有的小朋友寫起作文來速度雖然很快，大有「下筆如有神助」的架式，但等到寫完之後讀起來卻如同嚼臘，毫無文采與精彩可言。時間一長，作文課就漸漸的成了國語課上的一隻「攔路虎」，使多少小朋友「望虎興嘆」，如何寫出一篇精彩的作文便成了很多小朋友可望而不可及的夢想。而本書的第五章——「作文是所有天才的必備武器」，將教導小朋友們如何寫出一流的作文的方法，相信書中的一些寫作技巧一定會讓你打破過去的思維禁錮。當你學完這些技巧後，作文對你來說充其量也只是一隻「紙老虎」而已，只要你有膽量去將這層紙戳穿，你就會

驚喜的發現，原來「攔路虎」也是那樣的不堪一擊。隨著你的作文程度漸漸的提高，你就會發現自己越來越喜歡國語課了！

至於國語課上那些需要記憶和背誦的知識，只要你按照書中所教導你的這些技巧去學習，再加上你聰明的小腦袋，這些知識也是非常容易掌握的。到時你一定會驚喜的發現，國語的學習原來還有這麼多的樂趣！

本書每章的後面還附有「親子小提示」和「趣味國語常識」兩個附錄，其中「親子小提示」是針對小朋友們的爸爸媽媽撰寫的，希望透過這種方式能夠使小朋友們和爸爸媽媽的溝通更加融洽；「趣味國語常識」主要介紹中國漢字的源流和一些名人學習漢字的逸事，以此來幫助小朋友開拓自己的知識面。

小朋友們，與其去崇拜那些大師、天才、偉人和名人，不如去學習他們的成長經歷吧！相信有一天你也會和他們一樣，成為卓越的人物，成為社會和國家的棟樑之材！

謹以此書與廣大的小學生朋友們互勉！

目錄

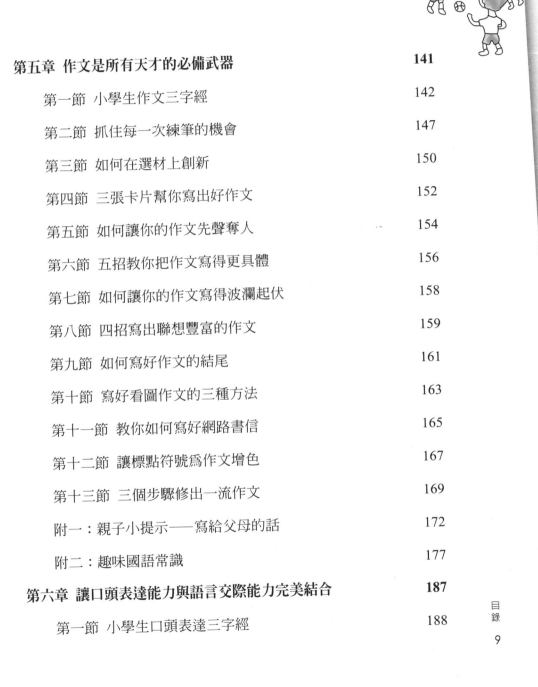

第一章
眞正的國語學習從這裡開始

壹 小學生識字三字經

1、怎樣讀準音

認聲母，辨韻音，讀準調，直呼出。

2、怎樣記字形

依部首，辨結構，想畫面，多比較，

善歸類，勤查典，易錯字，重點記。

3、怎樣理解字義

理解字，不忘詞。認部首，識大意。

善比較，明意思。

4、怎樣查字典

字不明，義不清，查字典，能弄明。

知拼音，查音序；曉字形，查部首；形難辨，查難檢。

5、怎樣寫好字

橫要平，豎要直，橫後豎，撇後捺。

左到右，上到下，先中間，後兩邊，先裡面，後封口。

姿勢正，心平靜，先記字，再動筆。

6、讀書和寫字的正確姿勢

要讀書，先坐正。

頭抬起，腰挺直，手拿書，眼平視，一心意，牢記清。

寫好字，三個一，胸離桌，一拳頭，手執筆，只一寸，

眼和紙，差一尺，腳平放，心入靜。

看清楚，再動筆，不低頭，不側身。

紙和筆，要珍惜。

貳 認識美麗的方塊字

　　我們所學習和使用的漢字屬於一種古老的象形文字，我們的祖先正是用漢字記錄了我們民族悠久而燦爛的歷史和文化。所以，要想瞭解我們民族的歷史與文化，首先就要學好漢字。

　　漢字最大的特色是每一個字都可以用一個正方形或長方形的框框圍起來。如果我們在白紙上畫一個方框，任何一個字都可以填進去，字形既美觀又大方。所以，漢字也可以說是一種「方塊字」。正是由於漢字呈現出方形的結構，因此可以造成一種筆劃疏密、空白不一的圖形。比如，當我們寫「心」、「愛」、「魔」、「術」、「方」、「塊」等字的時候，由於它們相互之間結構不一樣，產生的空白美也不相同，所以可以有種種的變化，既賞心悅目，同時又容易辨認，也容易記憶。

　　因此，學習漢字的過程實際上就是一個感受美、享受美的過程。在一筆一劃的學習過程中，我們彷彿是一個藝術家，在創作一件美好的作品；同時，因為我們在學習和書寫漢字時往往抱著一種審美的心態，專心致志地去學、去寫，心就很容易定下來，所以，學習漢字還可以培養和陶冶我們的性情，許多大書法家都很長壽，就是這個道理。方塊漢字是美麗的，所以，學習漢字的過程也是充滿樂趣的。

參　從部首入手學漢字

　　對剛剛入學的小朋友來說，「媽」、「爸」、「爺」、「婆」等字其實是很複雜的，一開始就練習寫這樣複雜的字會感覺困難重重。其實，小學生如果從部首入手來學習漢字的話，就簡單得多了。常用的漢字無外乎象形、指事、會意和形聲等幾種，無論多麼繁難的字，都是由不同的簡單部首組合而成的。像「山」、「水」、「火」、「土」等字，都是常見部首，而且十分簡單，易學易寫。

　　字典裡的部首表可以做為學寫部首時最好的習字模板。如果小朋友們先學會了寫部首字，然後再來自行組合，如堆積木一般「堆」出一個個漢字，那將是一件非常輕鬆而又有趣的事。而且，會寫部首之後，漢字中多一點、少一撇等現象將減少很多，自然而然地就不會寫錯字、別字了。

肆　巧記漢字的訣竅

　　學習國語最基礎的就是要掌握一定數量的字，但漢字數量大，記起來很困難，再加上有一些字又容易混淆，比如有許多形近字、音近字，尤其對小學生來說更易混淆，所以掌握一些記憶漢字的技巧和方法對學習漢字很有幫助。

　　對於那些筆劃複雜、難記易錯的字，小朋友們可以將它們編成形象生動、有趣味的字謎。啟動腦筋編一些字謎，就可把字形記住，用的時候想起字謎，就不易寫錯。一些字謎常使我們百思不得其解，但一經老師或小朋友提醒和說破，就會牢牢記住。例如，要記「喊」字，可以編出這樣一個字謎：加一半，減一半（左邊為「加」字一半，右邊為「減」字一半）。這樣，實際上一下子就記住了三個字。

　　對於一些易錯、易混淆的字，小朋友們可以編成歌謠，唸起來朗朗上口，妙趣橫生，便於記憶。例如：橫「戍」點「戌」「戊」中空，二十為「戒」，十為「戎」。一首歌謠就解決了五個形近字的區別記憶。

　　有些合體字筆劃複雜、難記易錯，這時就可以將它們分拆成幾個

部分，化難爲易，變得比較好記。例如：贏──亡口月貝凡，掰──手
分手。

　　此外，有不少漢字形體相近，它們加一筆或者減一筆，就變成了
另外一個字。小朋友們只要記住了這些加減變化，也就記住了這些字
的細微差別，用時可避免混淆。例如：免字加一點變成兔字；幻字加
一撇變成幼字；折字加一點變成拆字等等。

　　漢字中有大量形聲字，記起來容易，但寫起來容易出錯、沒有
規範可循，小朋友們可以按字音和字形特點，找出一般性的規律，加
以區別，用時就不易寫錯。例如，韻母是尢的漢字聲旁往往從倉，如
「搶」、「蒼」、「創」等等，韻母是ㄣ的漢字聲旁幾乎都由侖部構
成，如「輪」、「掄」、「圇」等。透過這個規律，我們就可以將由
「倉」、「侖」做部分構成的字區別開來。

　　當然，上述這些方法都只能是一些輔助性手段，小朋友們要眞正
準確掌握漢字，還是得多看、多寫、多用。

伍 「秀才認字認半邊」的得失

俗話說：「秀才認字認半邊。」例如，「珠」和「株」這兩個字都可以根據右邊的「朱」而準確地讀成「ㄓㄨ」，這主要是因為有80％以上的漢字都是形聲字，所以，「認字認半邊」往往被視為學習漢字的快捷方式，但事實上，這條快捷方式有時也會失靈。比如，「滌」就不能根據右邊的「條」來讀，而應該讀作「ㄉㄧˊ」。因此，我們不能忽視另外將近20％的用其他構字方法構成的漢字。

所以，我們在識字的過程中，一方面既要注意掌握規律，減輕學習負擔，另一方面也要勤讀苦練、用心辨析、認真記憶。對於那些不認識的漢字，最可靠的途徑還是在於勤查字典，牢記漢字的音、形、義，這樣才能真正掌握生字，避免隨隨便便「認字認半邊」，鬧出笑話來。

陸 消滅錯別字的辦法

　　有這樣一個故事：古代有一個知縣很愛吃枇杷，有人就買了一筐送給他，並派人先送去一封信，上面寫道：「敬奉琵琶一筐，望祈笑納。」知縣看了很奇怪：「為什麼要送我一筐彈奏的琵琶呢？」等到東西送來，卻是一筐能吃的新鮮枇杷。知縣笑了，順口吟了兩句詩：「枇杷不是此琵琶，只恨當年識字差。」一個客人在旁邊接著說了兩句：「若使琵琶能結果，滿城簫管盡開花。」琵琶當然是不能開花結果的，這幾句詩是在諷刺那個寫錯別字的人。

　　可見，亂寫錯別字是會鬧笑話的。我們使用語言文字是為了表情達意、相互交流思想的。如果錯別字連篇，那還怎麼能準確表達思想，使別人瞭解呢？

　　那麼，小朋友們在學習的過程中如何避免出現錯別字的現象呢？我們這裡有一個非常有效的辦法，就是建立錯別字小卡片，這個方法可以幫助小朋友們有效的消滅錯別字。具體做法如下：

　　在小卡片上畫這樣一個表格（如下表所示）：

21

錯別字	改正的字	要注意的地方	組詞	造句	其他形近的字

　　然後把自己平時在寫作業中出現的字都抄到上面的表格中，既能記住字形，又能透過組詞、造句等方法深入理解和學會正確使用這個字。此外，還可以想一想還有其他哪些形近的字，有助於小朋友們預先掌握，避免以後犯同樣的錯誤。

　　錯別字小卡片建立好了之後，還要經常翻閱，才能牢固記憶，真正確保不再寫錯別字。

柒 和字典做知心朋友

　　許多小朋友已經學會了查字典，但是，最近我發現能夠充分地有效使用字典，從中獲得豐富知識的小朋友並不多。一些小朋友利用字典，查到自己需要查找的詞就結束了，不願仔細看解釋，更不注意看前言、範例，以為這些都與自己無關，所以，對問題的瞭解往往不全面。使用字典應該注意哪些問題呢？

　　第一，字典每個字都有詳細解釋，如一個字有幾個讀音，幾種意義，能組成什麼詞，這些詞之間有什麼關係，每個詞都有什麼意義和用法等，應該都搞清楚。查到一個字，要把對這個字的解釋從頭到尾看一遍，有一個明確、全面、系統的瞭解，然後再根據所讀或所寫的文章的上下文，從中選定。

　　第二，字典前面大都有「前言」、「範例」，交代這部字典的性質、內容和使用方法，說明書中使用的各種符號的意思。使用時，都要把「前言」、「範例」細心看一看。許多字典的注文中常有引、喻、轉、〈方〉、〈古〉等各種符號，這些符號都是什麼意思呢？編者在《範例》中說明：轉，表示由原義、故事、成語等轉化而成的意義；喻，表示由比喻形成的意義；引，表示由原義引申出來的意義；

〈方〉，表示是方言地區用的字或者本義項所注的是方言地區的用法；〈古〉，表示本字是古代用的字或者本義項所注的是古代的用法。瞭解這些，對準確地掌握字義是有幫助的。

除了這些，還應該看字典後面有沒有附錄、補遺等。如《新華字典》後面附有〈中文拼音方案〉、〈常用標點符號用法簡表〉，《現代漢詞語典》後附〈漢字偏旁名稱表〉等。這些對學習都是很有用的。另外，要想充分地瞭解這位沉默的朋友，主要靠反覆地使用，認真地鑽研，只要小朋友們認真對待，也就一定能夠更好地使用字典。

捌 如何練出一手漂亮的漢字

1、練好字的重要性

　　把字寫漂亮，幾乎是每一個人的心願。你一定不會願意聽別人說：「你的字寫得好難看喔！」有的小朋友認爲，現在已經進入電子時代，我們可以把字輸入電腦之後再列印出來，既整齊又漂亮，哪還需要講究字寫得好不好啊？這種看法當然是不對的。因爲，寫字應該是我們必備的基本技能之一，我們擁有雙手，除了能做事，還能用它來寫字、表達情思，不是一件很美妙的事嗎？而且，雖然這是一個電腦普及的時代，但是，還有很多地方需要我們用手書寫，電腦是無法代勞的，比如填寫一些表格，比如考試回答試卷等等。更何況，如果寫得一手漂亮的字，在不同地方都會得到許多讚美的。所以，小朋友們一定要從小練起，寫好漢字。

　　那麼，漢字要寫成什麼樣才算好看呢？一般說來，一個標準的漢字必須大小適中，線條清晰而緊密；同時，結構一定要勻稱。

　　如果是在田字格裡面寫字，字的四周一定要留出適當的空白，使整個字看起來佔了格子的八分滿，如果是在普通橫線上寫字，字與字

之間也要有一定距離，這樣才顯得美觀大方，讓別人看得清楚。

由於中國字以線條構成，所以寫字時要特別注意線條的緊密度。一個字的筆劃和筆劃之間，該連的部分要連起來，該分的地方分開，這樣整個字看起來才會緊密，千萬不要寫得線條稀疏、東倒西歪，否則，別人看到你的字時，會覺得很不舒服。

除了字形大小、線條緊密的條件外，寫字時還要注意間架結構。漢字的結構有左寬右窄的，如「郵」、「到」；有右寬左窄的字，如「論」、「語」；有左右平分的字，如「林」、「願」；有上下平分的字，如「裹」、「發」；有扁平字，如「一」、「心」；有長方字，如「直」、「葡」，還有三疊字如「意」、「贏」，三併字如「瓣」、「辯」等，如果能掌握這些字的結構，寫得大小勻稱，那麼起碼看起來是四平八穩，不會太難看。

人們常說，「字如其人」。所以，如果你的字寫得好，大家光看到你的字就會對你有一個很好的印象了。在考試中，如果你的字寫得很漂亮，還有助於增加你的分數呢！試試吧！

2、練好字的訣竅

古人曾說：「工欲善其事，必先利其器。」也就是說，要做好一

件事情，必須先要有好的工具。我們寫字也是一樣，書寫用筆的選擇非常重要。寫字用的鉛筆，以HB的筆心濃淡較爲適度；原子筆的筆尖不宜太細，顏色以偏向藍、紫，明亮一點的較好；鋼筆的墨水不應太暗淡，出水量不可太多或太少，這樣寫出來的字較爲美觀。至於筆心的粗細，大約以0.5爲度，太粗時寫出來的筆畫容易重疊，太細則看起來纖細、單薄，不容易看清楚。

準備好筆之後，就要寫字了！好字是練出來的，沒經過一番工夫，就想把字寫好，那是不可能的。

在課餘時間用毛筆臨帖寫字是一種很好的練字方法，這是因爲，毛筆字尤其講究字的間架結構，而且，由於毛筆是一種軟筆，寫起來由於筆力輕重不同，筆劃也就有粗有細，更顯得韻味十足，充分體現出漢字的美感。一個經常練習毛筆字的人，他的硬筆書法肯定比一般人好得多。

有的小朋友說：「現在我們基本都是用鉛筆、鋼筆、原子筆等硬筆書寫，我可以直接練習硬筆書法嗎？」當然可以！如今市面上有很多不錯的硬筆書法字帖，挑一本適合自己的，買回家，剛開始可以拿一張非常薄的紙蓋在字帖上，一筆一劃地照著寫，這叫描紅，描紅的

同時就應該揣摩字的筆劃走勢、間架結構等。描紅幾遍之後便可以將紙從字帖上移開，然後細細臨寫。只要堅持，過不了多久，你的字自然就能寫好了。除了臨摹字帖之外，勤寫日記也是一個很好的練字方法，因為每天會固定地寫一些字，日積月累後，自然能體會寫好字的奧妙，同時能控制自如，進而寫出理想的字來。

最後，需要提醒一年級小學生的是，在剛開始學寫字時，一定要養成橫平豎直的習慣，最好是在田字格中書寫，如果沒有這樣的條件，可以用直尺在作業本上畫上線條，然後再寫。對於那些筆劃較為特殊的，如「人」字的撇筆、捺筆，「成」字的彎鉤，要特別的留意，使一個字寫起來端正、大方、耐看。

附一：親子小提示——寫給父母的話

1、在遊戲中培養孩子學習生字的興趣

　　小孩子對於有趣的東西，總是存著很高的興致。因此，為了提高他們學習國語的能力，培養學習國語的興趣，爸爸媽媽們可以和孩子一起來玩一些文字遊戲。

　　在小學低年級初學認字的階段，爸爸媽媽們可以和孩子玩翻字遊戲：把孩子學過的字蓋起來，讓孩子猜猜看蓋起來的是什麼字。如果猜對了就給予口頭或物質的獎勵，這樣可以加深孩子對文字的印象。

　　等到小學中、高年級階段，孩子已經學會許多字了，這時，爸爸媽媽和老師可以引導孩子做一些更有趣的文字遊戲。例如：跳格子找生字、走迷宮找生字、釣魚找生字、打保齡球找生字、猜字謎、比手畫腳猜文字等等。顧名思義，「跳格子找生字」指在地上寫生字，唸到哪個字就必須跳到那個字上。「走迷宮找生字」指將字畫成一個迷宮的圖形，讓學生走完迷宮說出這個生字。「釣魚找生字」是把字寫在魚身上，唸哪個字就釣哪個字。「打保齡球找生字」指把保齡球排一排，每個球中間藏著生字，打到哪個生字，就唸出那個生字。「猜

字謎」指說出一句謎底爲生字的謎語，從透過猜謎來領會生字的意思。「比手畫腳猜文字」指讓一個人看著生字表演，其他人猜猜是哪一個生字。在這些遊戲，孩子如果猜對了，要適時地給予獎勵，每次以一到兩個遊戲最爲恰當。

另外，爸爸媽媽們還可以充分利用家裡的東西，以此來設計相關的國語遊戲，讓孩子加深印象。例如家裡用剩下的餅乾盒，可以做磁鐵板，教孩子認唸生字；餐巾紙用剩的滾筒，可以藏生字當保齡球打；不玩了的小汽車，可以代替用來跳格子，也可以做一個紙骰子用來學習生字……等，對孩子來說，這些都是新鮮有趣的遊戲，可以讓孩子在不知不覺間學會和鞏固大量的生字。

孩子對文字是否喜歡，在孩子初學時就可以看出來，所以父母親一定要重視初學的階段，設計一些簡單有趣的遊戲，以此來引發孩子學習的興趣。

2、如何教孩子把字寫得又快又好

有的小學生常常會因爲字寫得太慢，或者寫得不正確而受到老師和父母的責備，這種情況在低年級中尤其常見。有經驗的老師都很清楚，這些孩子的問題就在於：他們不知道怎樣寫字才能寫得正確、漂亮。換言之，就是他們沒有掌握正確的書寫方法。

　　有一位老師是這樣處理的。她把一個因寫字太慢、無法按時完成功課而讓各科老師都十分頭痛的孩子帶到校園的魚塘邊，指著魚對孩子說：「你看，魚多快樂啊！不必寫字，也不會被老師指責，不像我們，字寫不完就被責罵。」孩子點了點頭，表示贊同。那老師又接著說：「你想不想把字寫得又快又好呢？」他又點了點頭，表示願意。於是，老師便學著宋朝大文學家歐陽修的母親的樣子，拿起一小截木棍，握著學生的小手，一筆一劃地在地上畫了起來，一邊畫一邊說：「其實，寫字不必太用力，只要輕輕地寫，寫得讓老師看得見就好了。你看！就是這麼輕鬆！」孩子跟著老師在地上寫了幾個字之後就回到教室裡去了。過了幾天，別的科任老師都跑來找這位老師，驚奇地問她到底是用什麼方法教好那個學生的。因為，他現在終於可以如期完成功課了，考試也沒有出現答不完題目的情況。在別的老師看來，這簡直是個奇蹟！

　　可見，要教會孩子把字寫得又快又好，其實並不難，只要做父母的弄清孩子為什麼會寫得那麼慢的原因就行了。小學生因為剛學會寫字，不太會控制力道，所以拿著一支筆在紙上用力地寫，結果每個字都力透紙背，同時書寫速度也很慢。碰到這種情況，有經驗的老師和父母會握著孩子的小手，慢慢引導，讓他感覺怎樣用筆才順手，怎樣

用力才正確。

所以，要想讓孩子寫字又快又好，一定要教會孩子用筆的訣竅，只要孩子用對了方法，就立刻在口頭上誇獎孩子，以此來增進孩子寫字的信心，這樣，相信孩子一定不會因為書寫上的困難而逃避做功課的。

3、培養孩子養成正確的書寫習慣

我們常常可以看到不少孩子書寫姿勢很不正確，有的前胸緊挨著桌子寫字，有的雙腿交叉寫字，有的扭著身子寫字，有的把手肘壓在腿上寫字；有的將椅子兩條後腿懸起來寫字等等。而且，不少孩子甚至還沒有學會如何握筆，往往會用拇指第一節和食指第一節緊緊併攏筆桿。有的父母認為這是小事，孩子長大後自然就會改正過來，殊不知，良好的習慣要從小養成，長此以往，孩子不僅寫不好字，而且對他們的身體發育也有很大的害處。

從父母的角度來說，可以採用以下兩個方面來幫助孩子：

一方面是示範。兒童的模仿能力是很強的，其習慣的形成都具有模仿的因素，為此，家長應該注重給孩子的示範。例如，學習執筆的時候，可先告訴孩子執筆要領：指捏筆一指擋，二指墊住真穩當。然

後示範：一捏。用拇指的前側方，食指前側中部，中指第一節的側上方，捏住筆桿下端離筆頭3釐米左右的地方。

另一方面是強化訓練。家長應配合學校有目的，有計畫地訓練孩子。例如，正確的寫字姿勢要領主要是身正、背直、肩平、臂張、足穩，家長可採用兒歌的方法來訓練，如「頭部端，肩放平，身子稍前傾。雙眼與紙有0.33公尺，胸部離桌約0.066公尺。兩臂放開紙放正，雙腿平擺腳放平。正確姿勢要記牢，字能寫好人精神」等。良好的習慣總有一個形成和鞏固的過程，而不好的習慣也總有一種回歸的本能。按照巴甫洛夫的觀點，習慣是條件反射長期累積強化以致成為一種「動力定型」的結果。因此，孩子初步養成了良好的寫字習慣後，應透過提醒、獎勵、互評、競賽等形式加以強化，以達到「習慣定勢」，在行為上呈自動化的特點。

4、名人家教故事：不太整齊的「魏碑」

李大釗先生在教育孩子的問題上，很有一套自己獨到的見解，而且他深深懂得教育子女的重要性。因此，他很重視對子女進行教育。他非常注意研究兒童心理，善於根據孩子的心理、生理特點，採取循循善誘的方法，有針對性地進行教育。

　　有一年夏天，李大釗從中國北京回家過暑假，給大女兒李星華和她的哥哥每人買回一包筆、墨、仿格字帖。孩子們十分高興，立即研墨展帖，端端正正坐在八仙桌旁，各自寫了起來。小星華是第一次臨帖寫字，她左臨、右臨總是不像，氣得小臉發紅，眞想哭出聲來，於是就放下筆，躲到後院偷偷地直擦眼淚。這時，李大釗和妻子都發現星華在哭，但都弄不清她爲什麼哭。妻子正要張口問時，卻被李大釗拉住了。他說：「女孩子的心理是很難揣摩的，妳要問她爲什麼哭，她不會告訴妳的，妳不要硬逼著問她。」妻子感到莫名其妙，很不理解。

　　過了一會兒，李大釗把星華叫到八仙桌前，指著星華寫的大字微笑著說：「字寫得很好，有點像魏碑帖上的字。因爲妳是第一次臨帖，所以寫得還不太整齊，筆劃有粗有細，字有的個大，有的個小。但是，只要妳天天耐心練習，就一定會寫好的。妳看，哥哥寫得也不整齊呀！可是他不著急，沉得住氣，只有這樣，才會把字慢慢地寫好的。」

　　父親一番耐心的教導，讓星華大受鼓勵，使自己瞭解到遇事不冷靜、愛急躁的缺點。從此，星華不僅天天練習寫字，而且以後不論遇到什麼事，都能冷靜處事。

附二：趣味國語常識

1、漢字知多少

　　漢字是漢族的通用文字，是漢族的祖先在長期的社會實踐中逐漸創造出來的，如今成爲我們國家各民族通用的標準文字。漢字是世界上最古老的文字之一，歷史悠久，可以遠溯到五、六千年以前。在這幾千年的歷史中，漢字隨社會的前進而不斷發展，越來越方便我們的表達，同時數量上也是越來越多。從歷代編纂的字典、辭書中，我們可以清楚地看到漢字由簡單而豐富的過程：

　　《甲骨文編》：今人孫海波編，選收甲骨文4672個（註：甲骨文是我們今天所能見到的最早的文字資料，因刻在龜甲上而得名，是距今3200多年前商朝後期人們所用的文字，今天的人們很難看懂）；

　　《訓纂編》：漢朝揚雄編，選收漢字5340個；

　　《說文解字》：漢朝許愼編，選收漢字9353個；

　　《聲類》：魏晉南北朝時的李登編，選收漢字11520個；

　　《廣雅》：魏晉南北朝時的張揖編，選收漢字18151個；

　　《玉篇》：魏晉南北朝時的顧野王編，選收漢字22726個；

《廣韻》：宋朝的陳彭年等編，選收漢字26194個；

《韻海鏡源》：宋朝的張麟之編，選收漢字26911個；

《類篇》：宋朝的司馬光編，選收漢字31319個；

《字彙》：明朝的梅膺祚編，選收漢字33179個；

《正字通》：明朝的張自烈編，選收漢字33440個；

《康熙字典》：清朝的張玉書等編，選收漢字47000多個；

《中華大字典》：今人陸費逵等編，選收漢字48000個；

《中文大辭典》：張其昀等編，選收漢字49000多個；

《漢語大字典》：當代的專家、學者編，選收漢字56000多個。

2、人吃獅子的故事

你聽過人吃獅子的故事嗎？中國語言大師趙元任先生曾經講過這樣一個神奇有趣的傳說故事，小朋友們不妨聽一聽。

故事是這樣的：從前，在一座山裡，有一個很大的石洞，石洞裡住著一位詩人，他姓施。這位詩人，文武雙全，既會作詩，也會打獵，性格豪爽，勇猛過人。這位姓施的詩人，特別喜歡獵獅，發下誓

言要吃十隻大獅子。獅子們聽說之後都很害怕，紛紛下山逃難。詩人一看山裡的獅子都跑了，就追到山下。天天到街上去尋找獅子。一天上午十點，有十隻獅子被追得走投無路，剛剛來到市集上。市集上的人一看獅子來了，東躲西藏。恰好，詩人從這個市集經過，獅子一見詩人，嚇得骨軟筋酥，動彈不得；詩人一見獅子，雙目圓睜，精神抖擻。

只見詩人不慌不忙，拿出弓箭，箭無虛發，一箭一隻，十隻大獅子都被射死了。詩人高興極了，把這十隻死獅子拉回山洞裡。石洞裡很潮濕，到處是水，詩人就找人把洞打掃一下。石洞被收拾得乾乾淨淨、明明亮亮。於是詩人就準備吃這十隻大獅子。可是，怎麼吃呢？生吃，皮太厚，咬不動。煮著吃，味道太淡，不好吃。最後，決定烤著吃。於是詩人拿起刀準備割肉來烤，突然，他發現自己放在地下的獅子都變了，不再是原來的獅子，而是變成了十隻大石獅子。

小朋友們看了這個故事後一定覺得很神奇，但更神奇的是，趙元任老師用幾乎全是同音的字就可以把這個故事表達出來，於是就有了〈施氏食獅史〉這樣一篇絕妙的文章，而且被收錄在《大不列顛百科全書》裡。

下面是〈施氏食獅史〉的全文：

石室詩士施氏，嗜獅，誓食十獅。氏時時適市視獅。十時，適十獅適市。是時，適施氏適市。氏視是十獅，恃矢勢，使是十獅逝世。氏拾是十獅屍，適石室，石室濕，氏使侍拭石室。石室拭，氏始試食是十獅屍。食時，始識是十獅屍，實十石獅屍。

讀完這篇像繞口令一樣的奇文後，你是不是感受到了中國語字的無窮奧妙？

3、字典的由來

字典是一種以字為單位，按一定次序排列，每個字註明讀音、意義和用法的工具書。

我國第一部字典是東漢時許慎所編，不過，當時這部字典並不是以「字典」命名，而是叫《說文解字》。它是我國第一部系統地分析字形和考究字源的字書，也是世界上最古老的字書之一。那麼，從什麼時候才有「字典」之稱呢？

第一部稱為「字典」的書，是清朝由張玉書等三十人花了六年時間編成的《康熙字典》。康熙皇帝看後曾說這部書「善美兼備」，

可奉為「典常」，因此命名為「字典」。以後，凡是這類解釋單字的書，就都稱為「字典」了。

4、繁體字和簡體字

漢字自古以來就有繁體與簡體兩種寫法，在甲骨文與金文中，就可發現漢字簡體的形跡，例如「車」就有多種寫法。後來經過篆體隸化，並存兩種寫法的文字越來越多。由六朝到隋唐，漢字逐漸隸楷化，當時或許是為了美觀對稱，很多古字都增加筆劃，而簡體字開始被稱為「俗體」、「小寫」、「破字」等，在民間社會仍廣為流傳。

我國浩如煙海的古代文獻都是用繁體字保留下來的。繁、簡兩種字體在閱讀方面並沒有什麼差別，但是在書寫上差別很大。近四十年雖然在將文獻的繁體字轉化為簡體字方面做了大量工作，但是和所保留的全部文獻比起來，只是很小的一部分。

中國語字的簡化，是二十世紀五○年代中期，中國大陸政府在周恩來總理的直接主導關心下，結合了上百名專家，對數千個常用的中國語字進行了一次字體的簡化。當時的出發點，應該說是分析了中國的國情。中國經歷了上百年的內憂外患，國弱民窮。中國又是一個幾千年的農業國，百分之八十以上的人口在農村，而當時中國一半以上

的人口是文盲和半文盲，而要在這樣的基礎上發展文化，建設國家，識字掃盲成了一個重要的歷史任務。簡化文字，當時的目的，就是爲了讓數以億計的人民大眾，能夠盡早盡快地識字、認字，提高使用文字的速度，提升文化水準，方便學生在校學習，以此爲最基本的基礎，才有可能學習科技，建立一個富強的國家。

應該說，自從中國大陸從五○年代末推廣簡體字以來，大大地節約了書寫的時間和勞動，讓人們更加方便和快速地學習漢字。

5、有趣的「雙胞胎字」和「三胞胎字」

小朋友們是否已經注意到了呢？我們所使用的漢字中還有一些字形相當有趣的字。

所謂「雙胞胎字」就是指由兩個獨體字橫向並列，或者豎向重疊而組成的新的字。例如：

「橫向雙胞胎」：人——從　木——林　習——羽　又——雙

「豎向雙胞胎」：口——呂　日——昌　山——出　夕——多

所謂「三胞胎字」就是由三個相同的獨體字呈「一上二下」的形式組成合體字，樣子很像寶塔，所以也叫「品」字形字。另外，「三

胞胎字」大多含有增多增大、程度加重的意義。例如：

水──淼（水大的樣子）

石──磊（石頭多；正大光明）

木──森（樹木眾多）

人──眾（許多人）

日──晶（光亮）

直──矗（高聳直立）

金──鑫（興旺繁榮）

火──焱（火焰）

第二章

詞語是啓發小學生國語天才思維的基礎

壹 小學生學詞三字經

1、怎樣理解詞義

解詞義，方法多，不離句，是基礎。

想圖畫，做描述，互比較，細推敲，

明語境，辨準確，詞分解，再合併，找近反，推詞義。

2、怎樣辨析詞義

近義詞，難分辨。

搭配詞，造句子，明範圍，知深淺。反覆辨，詞義現。

3、怎樣歸類詞語

細讀詞，明範圍，標準定，類自明。

4、怎樣區別「的、地、得」

詞搭配，講方法，的地得，辨明白。

名詞前，要帶的；動詞後，得跟走；動詞走，地帶頭。

5、怎樣記憶詞語

明詞意，細推敲；反覆讀，時時想；經常用，忘不掉。

6、怎樣累積詞語

生活中，詞語豐，多觀察，記心中。

多讀書，勤摘錄，時整理，常運用。

貳 一詞多解法

如果讓你解釋「淺顯」這個詞，你會嗎？是「淺近明顯」？是「簡單明白，容易懂」？是「淺易，不深奧」？還是「形容字句、內容好懂，程度不深」？事實上，這四個解釋都正確。這個時候，你是不是要撓頭了呢？為什麼同一個詞語會一下子冒出來那麼多五花八門的解釋呢？讓我們一起來看看下面的解釋吧！

「淺顯」這個詞拆分成「淺」和「顯」兩個字，一個一個地解釋，答案就是「淺近明顯」；如果把這個詞看成一個整體，連在一起解釋，答案就是「簡單明白，容易懂」；找出它的近義詞和反義詞，用近、反義詞說，答案就成了「淺易，不深奧」；要是根據詞語在句子中所能起的作用來說它的意思，那麼又可以解釋為「形容字句、內容好懂，程度不深」。

可見，用不同的方法解釋同一個詞，就會出現不同的答案。但需要注意的是，我們選擇什麼方法解詞，應該根據詞語本身的特點以及對於解詞的不同要求來決定，關鍵是要準確地領會詞義。為此，一般說來，最好能夠先查一查字典，弄清詞義，免得犯望文生義的毛病，同時還要注意，「詞不離句」，同一個詞在不同的句子裡有時也會有不同的含意。

參 詞不離句

　　小明最害怕做詞語解釋題了，每次的作業和考試中碰到這類題都會錯很多。這次期中考試前，小明把書中的詞語解釋背得滾瓜爛熟，心想，這下可不怕了。拿到試卷後一看，正好有一道題是「解釋句子中帶點的詞語的意思」。小明高興地一邊寫一邊想，管它是「句子中」還是別的什麼地方的詞，反正是解釋詞義，照自己背熟的寫上去就是了。

　　過了幾天，試卷發下來了，小明傻眼了，試卷上的詞語解釋全錯了。他來到辦公室，找到王老師，不服氣地說：「『貪婪』，我解釋成『貪得無厭』不對嗎？我這是照字典上寫的背下來的，怎麼會錯呢？」

　　王老師指著試卷上的那句話：「他捧著那本得之不易的好書，貪婪地讀了起來。」笑了笑說：「你看，如果按照你的意思解釋，放到這句話裡能說得通嗎？能說他是貪得無厭地讀書嗎？顯然不行。這裡應該是不知滿足、專心入迷的意思了。」

　　「哦，我明白了！」小明這才恍然大悟，「您曾經告訴我們說『詞不離句』，就是這個意思啊！那麼，這一句『他沉重地告訴我，

災情很嚴重』，這裡的『沉重』也不應該解釋爲『分量很重』，而是指『心裡很難受』了。」

「是啊！學習詞語，最重要的是能眞正理解它，準確而熟練地加以運用。當然，透過查字典弄清詞義是最基本的方法。但有時候，一個詞往往有幾種意思，這就要聯繫上下文來確定詞義。例如同一個『深』字，『河水深』，指的是『水底到水面的距離長』；而『夜深了』則指的是時間晚；『關係深』，指的是感情好，交往密切。另外還有一種情況，有些詞的意思在一定的上下文裡還會臨時改變，這就更需要聯繫上下文來做具體分析。追根究底一句話，就是『詞不離句』。死背詞義可不是個好辦法。」

經過王老師一番耐心的指點，小明總算是明白過來了。小朋友，你明白了嗎？

肆 三招幫你準確找對反義詞

　　有不少小朋友一碰到找反義詞的題就直撓頭，不知道該從何下手。這一方面是由於這些小朋友辭彙量太少的原因，所以一時想不起合適的反義詞；另一方面的原因就是沒有找到正確的方法。辭彙量需要靠平時的努力累積，但方法卻是可以現學現用的，這裡我們就先教你三招，相信一定會對你有所幫助。

第一招：先理解詞義再尋找

　　有些詞在不同的句子中意義不同。因而，同一個詞的反義詞就可能有好幾個。碰到這樣的情況就需要聯繫這個詞的語言環境，先弄清楚詞的意思，然後再去尋找適當的反義詞。例如：「這條河水上漲了，水位很深。」在這句話中，「深」的反義詞是「淺」。「公園裡，有粉紅的桃花，雪白的梨花，深紅的月季。」在這句話中，「深」的反義詞是「淡」。

第二招：先造句再尋找

　　有的詞語的含意比較抽象，這就需要放在一個句子中進行具體化，然後再找出相對的反義詞。比如，找「豐富」的反義同，可以先

用「豐富」來造一個句：「這本書內容十分豐富，值得認眞去讀。」這時我們就要思考，與這句話意思相反的句子是什麼。當然就是「這本書的內容十分貧乏，不值得認眞去讀。」可見，如果用「貧乏」把「豐富」換掉，就可以使全句變成相反的意思。這樣，就找到了「豐富」的反義詞──「貧乏」。

第三招：先加否定再尋找

也就是把原來的詞先加上「不」字，得到一個否定的結果，看看是什麼意思，從中受到啓發，然後再找出反義詞。例如，要找「美麗」的反義詞，我們可以按照這樣的思路來：美麗→不美麗＝醜陋。要找「白」的反義詞，我們可以按照這樣的思路來：白→不白＝黑。

伍 準確區別同義詞

許多同義詞嚴格說來只是近義詞，相互之間還是有一些細微的差異的。那麼，要區別同義詞應當從哪些方面來進行呢？

1、從詞義褒貶上區別

褒義詞用於好的事物，貶義詞則是用於不好的事物。例如，「節儉」與「吝嗇」、「頑強」與「頑固」、「果斷」與「武斷」這幾組同義詞，前者是褒義，後者是貶義。

2、從詞的語義輕重上區別

例如，「阻止」與「制止」、「優異」與「優良」這兩組同義詞，前者的語義較輕，後者的語義較重。

3、從詞的搭配上區別

同義詞的詞義雖然相近，但與之相搭配的詞往往都不相同。例如，「改進」與「改善」這一對同義詞，「改進」與「工作」、「技術」、「方法」等詞相搭配，但不能和「生活」、「條件」、「關係」等詞搭配；「改善」能與「生活」、「條件」、「關係」等詞相

搭配，卻不能和「工作」、「技術」、「方法」等詞搭配。

4、從適用場合來區別

詞語都有自己適用的場合，適當的場合就應該用適當的詞語，否則就會覺得彆扭。例如，「父親」與「爸爸」這一對同義詞，前者適用於較為莊重的場合或書面用語，後者則是較為隨便的口語稱呼。

5、從適用對象來區別

例如，「愛戴」與「愛護」是一對同義詞，但「愛戴」主要適用於長輩、上級，「愛護」則主要適用於晚輩、下級。

陸 累積詞語四法

比漢字更大一點的語言單位是詞，我們日常說話時多以詞為基本單位，而很少是單個漢字，一個辭彙量大的人往往口才和書面寫作的能力都較高。因此，擴大辭彙量對我們來說很重要，也很有意義。小朋友們可以從以下幾方面著手，擴大自己的辭彙量。

1、累積課文中的詞語

我們所學的課文都是專家們精心挑選的，裡面有許多規範、優秀的詞語可供我們學習、累積。我們在學習一個單元後，可把所學的詞語收集整理一下，挑選最好的分門別類地收入詞語卡中。這樣，複習課文和累積詞語兩不誤。

2、在課外閱讀中累積詞語

課外閱讀為我們提供了更廣闊的收集詞語的天地，平時多讀一些健康有益的書籍，包括經典的童話、故事、詩歌和優秀的作文集，以及報章雜誌等，邊讀邊記錄，把課外書中優美、動人、富於時代感的詞語堅持不斷地記錄下來，久而久之便積少成多了。

3、利用工具書累積

《成詞語典》、《新華字典》、《現代漢詞語典》、《分類成詞語典》等工具書是規範詞語的專門書籍，平時經常翻閱，在寫作和發言時自然可以「信手拈來」。

4、從大眾語言中累積詞語

人們在日常生活中往往會有些新鮮、別緻、富有創造性的口頭語。這些語言是書本中難以找到的。因此，多留心人們的言談也是累積詞語的一個好方法，將這樣的語言應用於作文中，會使你的作文富於生活氣息。

柒 巧記詞義四法

常常有小朋友抱怨說記不住詞義，其實，詞義是不能死記硬背的，應在理解的基礎上學會巧記。這裡就教你幾種巧記詞義的方法。

1、擴詞成句法

有些詞語，只要將組成這一詞的幾個字中間再加入幾個字就可以擴展成為一個句子，這個句子就是該詞的詞義。例如，「爭先恐後」便可擴展成「爭著搶先唯恐落後」；「捨己為人」便可擴展成「捨棄自己為了別人」。

2、攻克難字法

有些詞語中，只有一兩個字是較難理解的，因此，我們只要突破這一兩個難字，其詞義便一目了然。例如，「心急如焚」一詞中，「焚」字較難理解，透過查字典，我們得知，「焚」就是「火燒」的意思，因此，「心急如焚」的詞義便是「心裡急得像火燒一樣，形容十分焦急」。又比如，「各抒己見」這個詞，我們只要把其中的「抒」和「見」弄懂了，詞義就清楚了。透過查字典，我們知道，

「抒」就是「發表」的意思，「見」是「意見」，因此，「各抒己見」的意思就是「各人充分發表自己的意見」。

3、引申理解法

有些詞語含意較深，不能單從字面上來解釋，而必須深入思考，引申理解。例如，「掩耳盜鈴」不能簡單理解爲「搗著耳朵偷鈴鐺」，而必須進一步思考：「搗著自己的耳朵偷鈴鐺難道別人也聽不見嗎？」於是就可以得出這個成語的詞義：「比喻自己欺騙自己。」

4、拆詞重組法

有些詞語只要將它拆成單字，按照「一、三、二、四」或「二、四、一、三」的順序重新組合，便可得到詞義。例如，「深情厚誼」可以重新組合成「情誼深厚」，於是它的詞義便是「情誼很深厚」。又如「眉清目秀」可以重新組合成「眉目清秀」，於是它的詞義便是「形容長得很清秀」。

只要掌握了這些方法，你就能輕鬆地記住詞義了。

捌 活學巧用成語

在我們的國語學習中，大量使用成語是一大特色。而且，有些句子如果用成語來表達，可以精簡字句，起到畫龍點睛的作用。因為成語通常有一個故事做背景，而且具有概括的意思，以極少的字代表很豐富的內涵。譬如，我們說一個人經過努力，終於得到最高的榮譽，成為家喻戶曉的人士，那麼可以用「一夕成名」或「一鳴驚人」這個成語表達，而不需瑣碎說明。如果是經過十多年努力，才有這樣的榮耀，我們可以用「十年寒窗無人問，一舉成名天下知」，也就一語道盡了。

在我們的小學國語課本裡，有相當數量的成語是從古代傳下來的，其中有些字是古代漢語中的詞，意義、用法和現代漢語中的詞不一樣。例如，「無窮無盡」中的「窮」和「盡」都是「完了」的意思，是同義重疊組成的成語；而「窮兇極惡」的「窮」卻當「極端」講。

有些成語，對其中個別成分的意義不瞭解或者不太瞭解，就會影響對整體意義的理解。例如，「好高騖遠」的意思是脫離實際，追求

目前還做不到的事情。「騖」的本義是馬在馳騁，這是引為「追求」的意思。懂得「騖」的意思，對這個成語的意義就會理解得更確切。

有些成語是寓言，如果簡單地按字面來解釋就會理解錯誤。例如，「亡羊補牢」中的「亡」，這裡引申為「遺失」、「失去」。這個成語的意思是事故發生以後，想辦法即時補救，免得以後再受損失，如果從字面上解釋「亡」的意思，就容易出差錯。

有些成語，只是一字之差，意義就不同，褒貶也就不同。例如，「無所不至」和「無微不至」，前者是沒有達不到的地步的意思，指什麼事都做到了，多用於壞的方面；後者的意思是待人十分體貼，連極小的地方都照顧到。又如「自食其果」和「自食其力」，前者指自己做了壞事，自己受到損害和懲罰，自作自受；後者是依靠自己的勞動維持生活的意思。

所以，對於成語，小朋友們切不可望文生義，不求甚解。

平時，我們必須多學習、多累積，透過不斷的學習和練習，就可以達到運用自如的境界！

附一：趣味國語常識

1、人體名稱妙喻

　　頭腦、心臟、骨頭、手足……這是我們身體上的器官。你知道嗎？這些人體名稱有著它們巧妙的比意義。恰當地運用它們，能使意思表達得具體而生動。人體名稱都各有什麼妙喻呢？

　　頭腦：一是用做「頭緒」，如「摸不著頭緒」；一是比做首領。

　　眉睫：比喻事情緊迫，如「迫在眉睫」。

　　眉目：一是用來比喻文章的條理，如「這篇文章眉目不清」；一是用來比喻事情的線索、頭緒，如「這件事終於有了眉目」。

　　耳目：比喻替人刺探消息的人。

　　咽喉：比喻形勢險要的交通要道，如「咽喉要道」。

　　肝膽：比喻真誠的心，如「肝膽相照」；還用來比喻勇氣，如「肝膽過人」。

胃口：比喻食慾或食量。比如「我今天胃口不好」；還比喻對事物或活動的興趣，如「他對畫畫不感興趣，打球才對他的胃口」。

心腹：指親近而信任的人，一般用於反面人物。

心肝：指良心，如「沒心肝的傢伙」；還用來稱最親熱、最心愛的人，多用於年幼的子女，如「心肝寶貝」。

心臟：比喻中心，如「台北是台灣的心臟」。

骨頭：比喻人的素質、氣概，如「懶骨頭、硬骨頭」。

骨架：比喻在物體內部支撐的架子，如「工地上聳立著樓房的骨架」。

骨肉：指親人，如「骨肉團聚」。

腰桿：比喻靠山。

手心：比喻所控制的範圍，如「他逃不出我的手心」。

手足：比喻兄弟，如「情同手足」。

臂膀：比喻得力助手。

腳跟：比喻立場，如「站穩腳跟」。

2、有趣的「無」字歌

　　不可相比叫無比，不取報酬叫無償，

　　不可阻擋叫無阻，不可限量叫無量，

　　沒有理由叫無故，沒有關係叫無妨，

　　沒有期限叫無期，沒有罪過叫無辜，

　　沒有著落叫無著，沒有本事叫無能，

　　沒有邊際叫無垠，沒人幫助叫無援，

　　無閒無空叫無暇，無緣無故叫無端，

　　無羞無愧叫無愧，無根無據叫無稽，

　　毫無辦法叫無奈，剩下不多叫無幾，

　　蠻不講理叫無賴，滿不在乎叫無視，

　　失去常態叫無常，安然無事叫無恙，

　　不管怎樣叫無論，不用懷疑叫無疑。

3、五花八「門」的趣味

1、屋門、家門——自己房屋的門，引申為一個家族。

2、豪門、朱門——有錢人家的門。

3、柴門、寒門——窮苦人家的門。

4、空門、佛門——佛教的門，引申為宗教派別之一。

5、歪門、邪門——所作所為的方法不正。

6、竅門、法門——所作所為的方法優異。

7、熱門——十分吸引人的事物。

8、冷門——不被人注意或不時興的事物。

9、閉門——不會見客人，有謝客之意。

10、登門——有事求上門來。

11、拜門——上門虛心求教。

12、後門——比喻一些不正之風。

13、班門——比喻十分內行。

14、權門——權勢人家的門。

15、山門——寺廟的門。

4、「進口詞」

漢字辭彙寶庫是極其豐富多彩的。而且,其中還包括一些從其他國家辭彙中引進的外來詞。

例如,從古代印度引進的辭彙就有「寺」、「剎」、「茉莉花」、「菩薩」、「羅漢」、「和尚」、「尼姑」等等,其中不少與佛教傳入中國有關。

另外,我國也從歐美國家直接「進口」了不少按照他們的讀音翻譯的詞。如「拷貝」、「雪茄」、「沙發」、「坦克」、「雷達」、「拖拉機」、「芭蕾」、「卡片」、「維他命」、「巴士」等辭彙。

這樣的語言現象可以說正印證了一句話:「世界只有一個地球,語言也將沒有國界。」

5、人相種種

代人受過的人——替罪羊

思想陳舊的人——老古董

隨聲附和的人——應聲蟲

勸人合好的人──和事佬

粗心大意的人──馬大哈

目不識丁的人──睜眼瞎

吝嗇錢財的人──鐵公雞

外強中乾的人──紙老虎

第三章

語句是全面提升小學生的國語天才思維的途徑

小學生學句三字經

1、怎樣理解句子

要解句，先細讀，定重點，細品味，

結合圖，理關係，巧聯想，扣詞語，

擴縮句，剝竹筍，善比較，變句式，

看上下，明句意。

2、怎樣改寫句子

明結構，提問題，再解答，擴充句。

的地前，詞語省，得字後，再刪去。

細細讀，須完整，收縮句，要記清。

變把字，很容易，把物件，放動前。

反問句，先明意，寫出句，變陳述。

3、怎樣造句

先解詞，明詞義；巧搭配，句通暢；再細讀，須完整。

4、怎樣給句子排序

通讀句，明大意，理條理，排順序。

5、怎樣修改句子

缺成分，補充之；矛盾句，去一個；

詞重複，刪其一；詞顛倒，要調正；

搭配錯，重安排；用錯詞，須改正。

6、怎樣運用標點符號

意未盡，點逗號；完整句，畫句號；

感情強，打嘆號；有疑問，用問號；

詞並列，標頓號；引下文，添冒號；

說的話，加引號；並列句，用分號。

貳 巧用「順口溜」記句子成分

漢語的絕大多數句子，是由好幾個詞構成的，根據這些詞相互關係的不同，可以把句子分爲不同組成部分。句子組成部分就叫做句子成分。主詞、動詞、受詞、限定形容詞、副詞、補語都是句子成分；前三者是基本成分，後三者是連帶成分。

從結構上分析句子，就是分析句子的各種成分。打個比方吧，一個句子好比一棵樹，基本成分是樹的主幹，連帶成分是樹的枝葉。分析時可「先抓主幹，後理枝葉」，具體步驟是：

1、先把句子的主詞部分和動詞部分分開。

2、找出主詞部分裡的中心詞和動詞部分裡的中心詞，即主詞和動詞。

3、要是動詞帶了受詞，還得把受詞找出來。

4、以主詞、動詞和受詞爲主幹，再分別找出限定形容詞、副詞和補語。

一般說來，句子成分的位置比較固定。下面一首「順口溜」可以

用來幫助我們分析句子：

　　主謂賓，定狀補，主幹枝葉分清楚；

　　基本成分主謂賓，連帶成分定狀補；

　　限定形容詞必在主賓前，謂前是狀謂後補；

　　六種關係辨分明，分析正誤自有數。

參 四個步驟幫你悟出句意

　　一個句子看起來簡單，但有時候要理解透徹也並不容易。但是，準確理解句意又是十分重要的，因為，對句子，尤其是某些關鍵句子的含意理解的正確與否直接關係到對整篇文章內容的理解。對小學生來說，如果按照以下四個步驟來做的話，就可以輕鬆領悟句意了。

　　第一步：反覆閱讀。拿到句子應該先完整地讀上兩三遍，這樣才能對句子有一個整體的把握。

　　第二步：初步理解。找出句子裡的重點詞語，這往往也是能體現作者思想感情的詞語，透過查閱字典或其他工具書，弄懂重點詞語的基本意思和感情色彩。

　　第三步：上下聯繫。俗話說：「詞不離句，句不離文。」因此，在弄懂詞語的基本含意之後，還應該把重點詞語的意思帶進句子中，再聯繫上下文的意思看一看。最好再想一想作者為什麼用這個詞，這對提高小朋友們的寫作能力也是很有幫助的。

　　第四步：認真思考。這一步就可以想想整個句子的意思了。

　　舉個例子來說吧，我們要理解「星光在我們的肉眼裡雖然微小，

然而它使我們覺得光明無處不在。」這句話。第一步，先讀，在讀的時候可以找出重點詞語：「微小」、「無處不在」。「微小」是指星星十分渺小，「無處不在」是指星星到處都是，沒有一個地方不存在。然後再把這個意思帶進句子，聯繫上下文，整個句子的含意就清楚了：星星離我們很遙遠，用肉眼看到的星星的亮光確實很微弱，然而千千萬萬顆星星佈滿夜空，就使我們覺得周圍依然充滿了光明。

當然，這個方法說起來似乎很簡單，但要熟練地使用，還需要小朋友們不斷地加以練習。

肆 六招讓你學會造句

句子是語言運用的基本單位，它由詞或片語構成，能表達一個完整的意思，如告訴別人一件事，提出一個問題，表示要求或者制止，表示某種感慨等。

低年級的小朋友剛剛開始學寫句子的時候往往不知道該如何下手。這裡有六個辦法可以幫助你造出正確的好句子。

招術一：在理解詞義的基礎上加以說明。例如用「瞻仰」造句，可以這樣造：「我站在廣場上瞻仰革命烈士紀念碑。」因為「瞻仰」是懷著敬意頭向上看。

招術二：用形容詞造句，可以對人物的動作、神態或事物的形狀進行具體的描寫。例如用「鴉雀無聲」造句：「教室裡鴉雀無聲，再也沒有人說笑嬉鬧，再也沒有人隨意走動，甚至連大氣都不敢出聲了。」這就把「鴉雀無聲」寫具體了。

招術三：有的形容詞造句可以用一對反義詞或用褒義詞和貶義詞的組合來進行，強烈的對比能起到較好的表達作用。如用「光榮」造句：「講衛生是光榮的，不講衛生是可恥的。」用「光榮」與「可

恥」做對比，強調了講衛生是一種美德。

　　招術四：用比擬詞造句，可以藉助聯想、想像使句子生動。如用「彷彿」造句：「今天冷極了，風颳在臉上彷彿刀割一樣。」

　　招術五：用關聯詞造句，必須注意詞語的合理搭配。這就需要在平時學習中，把關聯詞的幾種類型分清並記住。

　　招術六：先把要造句的詞擴展成片語，然後再把句子補充完整。如用「增添」造句，可以先把「增添」組成「增添設備」、「增添信心」或「增添力量」，然後再造句就方便多了。

　　最後要提醒小朋友們的是，造句要自己腦筋，不要抄書上現成的句子。

伍 造好句子必先注重選材

　　造句是小朋友們做得比較多的一種練習。在我們的課本中有口頭造句和書面造句兩種形式。有的小朋友寫出來的句子平淡、不生動，一個重要的原因就是他們不知道用詞造句和寫作文一樣，也是要講究選材的。一聽見「選材」兩個字，有的小朋友就皺起了眉頭，覺得很難。其實，對小學生來說，選材的範圍是非常廣的。

　　首先，小朋友們可以從自己的學習活動中選材。小學生的主要時間和精力都是用在學習上的。在學習過程中，有過成功的喜悅，也有過失敗的痛苦，大家可以從中選擇許多新穎而又眞實的材料來造句。例如，用「雖然……但是……」可以造出這樣的句子：「我雖然非常努力地睜大了眼睛，但是還是看不清黑板上的字。」用「因爲……所以……」可以造出這樣的句子：「因爲時間非常寶貴，所以我們應該珍惜它。」用「既然……就……」可以造出這樣的句子：「既然你這麼喜歡這本書，就把它帶回家去看吧！」等等。

　　另外，小朋友們還可以從課餘生活中選材。小學生的課餘生活豐富多彩，像環保尖兵活動、科技小組活動、體育活動、文藝活動等

等，都能引起大家的興趣。在活動中，大家一定會有許多感受和收穫，這些都是很好的造句材料。例如，用「光榮」造句：「今天，我光榮地加入了童子軍。」用「熱鬧」造句：「小朋友們正在進行著各式各樣的體育活動，操場上非常熱鬧。」用「斷定」造句：「今晚滿天繁星，氣象小組的小朋友們斷定明天是晴天。」等等。

此外，小朋友們都非常喜歡閱讀課外書、看有趣的電視節目和影片等。從課外閱讀和影視中獲得的間接材料，也可以用於造句。例如，用「感動」造句：「看了這部電影，我們都深受感動。」用「旅遊」造句：「看完《美麗的阿里山》這本畫冊，我真想立刻去阿里山旅遊。」

可見，造句的選材是沒有限制的。只要小朋友們善於觀察和累積，造句時，就能選出合乎要求、新穎生動的材料來。

陸 教你學會摘錄和運用句子

　　常常有小朋友抱怨，書也讀了不少了，可是寫出的句子始終缺乏文采。這是為什麼呢？其原因就在於，這些小朋友在閱讀中只是走馬看花，並沒有把讀過的好句子真正儲存到自己的大腦中，這樣，到了需要用的時候還是寫不出來。

　　凡是優秀的文學作品，在字句的訓練上都是十分用心的。有的語句流暢、簡明扼要；有的娓娓道來、頗見情致；有的則用字精準、機趣橫生。總之，都是我們學習的好榜樣。因此，讀到名言佳句，最好是記在一個專門的筆記本上，在記載的時候，小朋友們可以做一個分類，例如，寫情的可以分成寫親情的、友情的、愛情的；寫景的可以分成寫春景的、夏景的、秋景的、冬景的……這樣一一摘錄下來，反覆背誦，時間久了，等到用的時候就會自然而然地「下筆如有神助」了。古人云：「熟讀唐詩三百首，不會做詩也會吟。」就是這個道理。

　　除了摘錄和背誦之外，小朋友們還應該試著將學到的好句子運用在生活中。例如，摘錄了一些蘊含深刻哲理的警言，在日常生活裡，

如果碰到一些事情，可以將警言錄拿出來，對照一下，看生活中的事情可以與哪些警言對應。又比如，我們摘錄了一些寫景寫情的優美句子，摹寫得很細膩，形容得很貼切、很生動，我們在生活中碰到類似的情景就可以聯繫摘錄的佳句，看那些句子可以應用在什麼場合。這樣既可以加強記憶，又可以逐漸學會運用，不僅能寫好句子，而且還能為寫好作文打下堅實的基礎。

柒 教你輕鬆做好縮句題

在國語考試中,很多小朋友都會在「縮句」的題目上丟分。事實上,縮句並不難,關鍵是要掌握正確的方法。

方法一:「的」前的修飾都刪去。例如,「美麗的蝴蝶飛走了。」這句話中,「美麗的」是用來修飾「蝴蝶」的,因此「美麗的」可以刪去。這句話就縮寫為:「蝴蝶飛走了。」

方法二:「地」前的限制要刪去。例如,「人們都忍不住驚訝地呼喊起來。」這句話中,「都忍不住驚訝地」是用來限制「呼喊起來」的,它要刪去。這句話就縮寫為:「人們呼喊起來。」

方法三:「得」後的補充說明也要刪去。例如,「海力布著急得沒辦法。」這句話中,「沒辦法」是對「著急」的程度進行補充說明的,它也要刪去。這句話縮寫為:「海力布著急。」

方法四:數量詞語照樣刪。例如,「羅丹塑了一座女像。」這句話中,「一座」這個表示數量的詞語可刪去。這句話縮寫為:「羅丹塑了女像。」

　　方法五：抓住主幹來縮簡。縮句時，可以向自己提出以下六個問題：（1）是誰；（2）誰做什麼；（3）誰怎麼樣；（4）是什麼；（5）做什麼；（6）怎麼樣。每次縮句時就根據句子的實際情況，選用其中一個問題進行提問，然後再從長句中找出最簡單的答案，也就是縮句的答案了。例如，「鐵球同時從高處落下來。」這句話就是講「什麼」——「鐵球」，「怎麼樣？」——「落下來」。因此，這句話就可以縮寫為：「鐵球落下來。」

　　只要你熟練掌握了其中任意一種方法，相信你就再也不會害怕做「縮句」題了。

捌 教你輕鬆做好擴句題

　　擴句是國語作業和考試中經常出現的一種題型，常有小朋友抱怨說很難，事實上，你只要加一個括弧，擴句也會變得很輕鬆。

　　具體做法是這樣的：把句子分解為幾個部分，在每一部分前加一個括弧，然後在每一個括弧中填入合適的修飾語。這樣，擴句就輕輕鬆鬆地完成啦！例如，把「小猴子吃著桃子」擴句，我們可以先把句子分解為三個部分：「小猴子」、「吃著」、「桃子」，並在這三個部分前分別加上括弧，就成了「（　）小猴子（　）吃著（　）桃子」，然後，我們就應該思考，在括弧中填入什麼修飾語才合適。用於小猴子的修飾語可以有很多，例如活潑、頑皮、可愛等等，但對這個句子來說，既然小猴子在吃桃，那麼，用「飢餓」一詞來修飾可能更好一些，因此，我們可以在第一個括弧中填入「飢餓的」。修飾「吃」的詞語也有很多，但是，結合句子含意，我們會發現，貪婪的吃相適合「飢餓的小猴子」，因此，第二個括弧中我們可以填入「貪婪地」。小猴子既然在「貪婪地吃著」，那麼，「桃子」一定是美味的，所以，我們可以在第三個括弧中填入「美味的」。最後，句子就擴成

「飢餓的小猴貪婪地吃著美味的桃子」。

　　用這種辦法擴句，不僅簡便，而且正確率高。剛開始的時候，小朋友們可以在草稿紙上為句子加上括弧，一步一步地做。練習次數多了，熟練之後，便可以只在腦子裡想一下就輕輕鬆鬆地做好擴句了。

玖 一招辨明真假比喻句

什麼叫比喻？比喻就是在說明形容某種事物時，不直接描述，而是用與它相似的另一種事物來打比方的描寫方法。一個比喻句通常由三部分構成：一部分是被比喻的事物，也叫本體；另一部分是用來做比喻的事物，也叫喻體；再一部分是比喻詞。例如，「老師是辛勤的園丁。」這個句子就是比喻句，其中，本體是「老師」，喻體是「園丁」，比喻詞就是「是」。又比如，「秋天來了，楓樹的葉子像火一樣紅。」也是比喻句，其中，本體是「楓樹的葉子」，喻體是「火」，比喻詞就是「像」。

比喻詞是我們辨明比喻句的最基本的依據，像上面例子中提到的「像」、「是」都是比喻詞。但是，有的句子雖然也帶有「像」、「好像」、「是」、「成」、「似的」一類的詞，卻並不是比喻句。這樣的「假冒」比喻句是最讓小朋友們頭疼的了。不用怕，讓我們來把比喻句做一個細細的解剖。一般說來，比喻詞之前的就是本體，比喻詞之後的就是喻體，而且，本體和喻體必須是不同事物，但又一定要有相像之處。例如，「黃蓋的船把帆張足，快得像離弦的箭。」這個比喻句的本體是「船」，喻體是「箭」，比喻詞就是「像」，本體

與喻體之間的相似點是速度上的快。

　　一般說來，「假冒」比喻句主要分成以下三類：

　　一是表示類比。如：「孩子，不要哭，要像你爸爸那樣勇敢、堅強，堅決地和困難和危險做抗爭！」。

　　二是表示推測。如：「在這境界裡，連駿馬和大牛都有時候靜立不動，好像回味著草原的無限樂趣。」

　　三是表示列舉。如：「我知道，火柴一滅，您就會不見的，像那暖和的火爐、噴香的烤鵝、美麗的聖誕樹一樣，就會不見的！」

　　怎麼樣？小朋友們，這一招是不是讓你練成了辨別真假比喻句的「火眼金睛」？趕緊找幾個帶有「像」、「好像」、「是」之類的「比喻詞」的句子來試試吧！

拾 排好錯亂句子的四個辦法

　　如何才能把錯亂的句子按正確的順序排列好，這是讓不少小朋友頭疼的事，但它又是小學國語學習的一個重要方面，因為它不僅能提高我們的思維能力，還能提高我們的寫作能力，所以大家必須好好掌握。那麼，怎樣才能排列好句子呢？有四個好辦法。

　　辦法一：抓住語句之間的邏輯

　　有些錯亂的句子，大家在排列時，應仔細分析句與句之間的關聯。常見的錯亂句子，往往敘述一件完整的事，或者活動的具體過程。那麼就可以按事情發展的順序來排列。

　　例如：

　　（　）他想，這是誰丟的，真不講衛生。

　　（　）他看見地上有一團白白的東西。

　　（　）忽然，他看見有幾個小朋友在打掃操場，爭做好事。

　　（　）下課了，張良在操場上玩。

　　（　）他連忙回頭，不好意思地拾起剛才看到的那一團白紙。

（　）想著，他就若無其事地走開了。

（　）走近一看，原來是一團廢紙。

從這段話中，我們可以看出，敘述張良在操場上看到了一團廢紙，經過內心掙扎，最後拾起了那團廢紙的過程，層次清楚。在排列時，我們可以按事情發展的順序排列排列為4、2、7、1、6、3、5。

辦法二：找準關鍵時間詞

對一些錯亂的句子，我們可以找出表示時間概念的詞語，如，早晨、上午、中午、下午等詞，然後按時間先後順序進行排列句子。

例如：

（　）華羅庚教授是一位自學成材的著名數學家。

（　）20歲那年，他得了傷寒，一躺就是半年，病好後，一條腿殘疾，但他毫不洩氣，繼續向科學城堡進攻。

（　）他14歲開始自學數學，每天堅持自學10小時，從不間斷。

（　）1932年，22歲的華羅庚應清華大學數學系主任熊慶來的邀請，到清華大學工作。

（　）從19歲起，華羅庚開始寫數學論文。

（　）在清華期間，他看了更多的數學書，並開始學習外文。由於他肯下苦功，進步很快，25歲時，華羅庚就成了著名的數學家。

排列這段話時，我們可以抓住「14歲」、「19歲」、「20歲」、「22歲」、「25歲」這些表示年齡的詞，也就是以時間順序來排列句子，那問題就迎刃而解了，正確的排列應是：1、3、5、2、4、6。

辦法三：看清結構

有些句子相互之間有總分或分總的關係，這時，我們就可以按先總述後分述或先分述後總述的順序排列。

例如：

（　）有桉樹、椰子樹、橄欖樹、鳳凰樹，還有別的許多亞熱帶樹木。

（　）初夏，桉樹葉子散發出來的香味，飄得滿街滿院都是。

（　）小城裡每一個庭院都栽種了很多樹。

（　）鳳凰樹開了花，開得那麼熱鬧，小城好像籠罩在一片片紅雲中。

　　根據這段話的特點，「小城裡每一個庭院都栽種了很多樹」這句話是個中心句，其他三句話都是圍繞著這句話來說的。顯而易見，我們可以按先總後分的順序來排列句子。排列的順序為：2、3、1、4。

　　辦法四：把握正確的空間詞

　　不同的句子講述的事情其實是發生在不同的地點，所以，只要找出地點的轉移順序就可以正確排列句子了。

　　例如：

　　（　）一聽到這熟悉的叫聲，我就猜準牠一定生蛋了。

　　（　）我高興地把蛋撿在手裡，還熱乎乎的呢！

　　（　）跨進屋門，果然，一個鵝蛋似的雙黃蛋躺在雞窩裡。

　　（　）一天下午，我參加課後轉導後回家，老遠就聽到我家的那隻老母雞「咯咯噠」、「咯咯噠」地在房子裡叫個不停。

　　這段話，我們可以抓住「屋外」和「屋裡」兩個不同地點，對句子進行排列，順序是4、1、3、2。

附一：親子小提示——寫給父母的話

1、引導孩子實現從詞到句的過渡

孩子學習詞語的目的就在於學會寫正確的句子，詞語是構成句子的基本單位。但是，從詞到句的過渡對很多孩子來說並不是一個容易的過程。在這個過程中，父母的幫助與指點是非常重要的。

為了達到正確寫句子的目的，父母應有意識地指導孩子多看名家的作品。這些知名作家，在字句修飾上是十分用心的。有的語句流暢、簡明扼要；有的娓娓道來，頗見情致；有的用字精準，機趣橫生，都是孩子學習國語的好榜樣。父母們如果先過濾作品內容，或請老師推薦知名作家，再細心地挑選作品供孩子閱讀，無形中可以使孩子學會正確的寫句子，是一個不錯的辦法。

另外，父母還可以幫助孩子多進行一些詞語替換練習，這樣可以讓孩子學會以不同的方式表達相同的意思。

最後，有些句子包含兩個以上的分句，分句之間有特定關係的，這就叫複句。例如「既……又……」、「不但……而且……」、「因

為……所以……」等。父母如果在平時的交談中有意識地運用這些句式，孩子掌握起來就會更快。

2、培養孩子對文字負責的好習慣

　　有的孩子不愛寫字，總覺得寫字是一件很辛苦的事。事實上，對孩子來說，練習寫漢字是國語學習過程中不可缺乏的基本訓練。因為，語言、文字是人類與生俱來的能力，借助它們，人與人之間才能得到良好的溝通，而這樣的溝通不僅僅是透過口頭，還要透過筆頭的書寫。為人父母者，不但要教孩子學會怎樣寫，而且要注意培養孩子良好的寫字習慣：要把字寫得正確、整齊、美觀；同時，自己寫出來的字，也要好好保存，不要隨手亂扔。

　　有不少成年人，寫起字來龍飛鳳舞，難以辨認，這就是因為他們從小沒有受到對文字心存愛惜的教育。他們往往是寫的時候不認真，寫完以後也隨手亂扔，或撕或毀，表現出極度輕蔑的樣子。這樣漠視文字存在的人，很少有國語素養良好的，因為他們對文字並不愛惜，所以也就不喜歡寫，更不喜歡讀。因此，身為父母，在平日就應以身作則，好好寫字，愛惜書本，這樣才能培養孩子愛字、惜字的習慣，當他懂得對自己所寫的文字負責時，也進而會愛惜印有文字的紙張，

例如圖書、報刊等。只有當孩子養成愛惜文字的習慣後，才能逐漸建立良好的國語素養。

3、名人家教故事：「錦囊」神童

李賀是中國唐朝著名的浪漫主義詩人，在中國語學史上佔有非常重要的地位。他之所以取得這樣的成就，與他父親的教誨是密不可分的。

李賀的父親李晉肅，是京城裡的一名小官，頗通詩文。李賀小時候非常聰明好學，李晉肅發現了兒子在詩歌方面的天賦，就特別注意對他的教育。李賀4歲時，父親就開始教他讀書、寫字，5歲時就有意識地引導他讀屈原、李白的詩歌，並經常給他講解一些名詩佳文。

在父親的教誨下，李賀讀書、識字、寫詩非常用功，學業進步很快，到了7歲就能寫詩了。父親見了滿懷高興，只是還覺得詩的內涵還有些單薄，語言還不夠獨特。他想，成天把兒子關在家裡啃書本是寫不出好詩來的，應該讓他走出家門，到處走走、看看，多搜集一些寫作的素材。這樣，他的詩作才會有更大的提高。

李賀遵照父親的指教，他時常騎著一匹瘦驢，背著一個破錦囊走出家門。一路上聽到了不少奇聞趣事，看到了清泉怪石、翠竹晴嵐，

各種不同的事物往往會勾起他奇特的想像，於是，李賀索性騎在驢上構思吟哦，覓得好的詩句，立即記在一張小紙條上，投入錦囊袋內。傍晚回家後，李賀就將這些詩條子從錦囊袋中拿出來，在油燈下進行補充整理，加工成一首又一首「意新語奇」的詩歌。由於李賀本來讀書就多，文學功底深厚，再加上他注意觀察生活，搜集寫詩素材，構思又有獨創性，所以他寫出來的詩總是生動感人，可與當時的名詩人媲美。一時間，整個京城的人都爭相傳抄他的詩文，並稱他為「神童」。

後來，李賀繼續刻苦努力，又得到韓愈等著名文人的指點和幫助，終於成為一位極其優秀的詩人。

附二：趣味國語常識

1、巧用俏皮的歇後語

你有遇事追根究底、窮追不捨的習慣嗎？如果有，那麼一定有人會說：「你這孩子，總是打破砂鍋──問到底！」「打破砂鍋──問到底」這樣的語言就叫做歇後語。

歇後語是我國民間廣為流傳的最早的語言文化之一，它集詼諧幽默於一體，同時也具有一定的文學性，讀了之後往往能令人會心的一笑。歇後語集中反映了人們的聰明才智，也有人具體地稱之為俏皮話。這類語言的顯著特點是由兩部分組成，前半部分是一個形象的比方，像謎面，後半部分則是對這個比方的解釋，像謎底，也表明說這句話的目的，十分自然貼切。在「謎面」、「謎底」之間有一個破折號，它的意思是「間歇」，有時「間歇」之後的部分不說出來，讓人們猜出它的含意。在一定的語言環境中，人們通常只說出前半截，用前半截來表示意思，而「歇」去或「隱」去後半截，就可以領悟和猜想出它的本意，正因為這樣，人們才稱它為「歇後語」。

歇後語最大的特點是諧音和比喻，我們前面提到的「打破砂

鍋——問到底」也是一種諧音的歇後語。其實「打破砂鍋」和「問到底」毫無關係。但是為什麼把它們用在一塊兒了呢？原來這裡利用了「問」和「璺」的諧音。「璺」和「問」同音，「璺」指陶瓷、玻璃器皿上出現的裂紋。砂鍋的特點是打破裂紋直到鍋底，人們將「問」代替了「璺」(ㄨㄣˋ)，於是就有了「打破砂鍋——問到底」這個歇後語了。諸如此類的歇後語還有很多，如「小蔥拌豆腐——一清（青）二白」，「上鞋不用錐子——真（針）好」，「孔夫子搬家——盡是輸（書）」，「隔著門縫吹喇叭——名（鳴）聲在外」等等。

歇後語的另一個重要特點是會意，透過會意後再進行概念擴充和延伸，如「丈二和尚——摸不著頭腦」、「黃鼠狼給雞拜年——沒安好心」，「擀麵杖吹火——一竅不通」、「泥菩薩過江——自身難保」、「啞巴吃黃連——有苦說不出」等等。

小朋友們在說話和寫作文時，如果能恰當地運用一些歇後語，就會顯得生動活潑，給人鮮明、深刻的印象。但是一定要注意，碰到嚴肅的事情時不宜使用歇後語。另外，也不要使用那些內容庸俗、不健康的歇後語。

2、有趣的「回文聯」

有一種可順讀也可倒唸的對聯，讀起來趣味無窮。

例如：

江蘇連雲港雲台山的花果山水簾洞中有一副回文聯：

洞簾水掛水簾洞，山果花開花果山。

福建廈門鼓浪嶼腹浦的回文聯是：

霧鎖山頭山鎖霧，天連水尾水連天。

湛江德鄰里的一副回文聯是：

我愛鄰居鄰愛我，魚傍水活水傍魚。

相傳北京天然居飯莊也有一副回文聯：

客上天然居，居然天上客。

3、不同地名的含意

哈爾濱：滿語的意思是「曬網場」，在建城以前，滿族漁民常到那裡的江邊曬漁網。

吉林：是滿語「吉林鳥喇喇」的簡稱，意思是沿江，這裡的「江」是松花江。

齊齊哈爾：是達呼爾族語，意思是「天然牧場」。

呼和浩特：是蒙語「青色之城」的意思。

包頭：是從蒙古族牧民所叫的「包克圖」轉音而來，意思是「有鹿的地方」。

拉薩：藏語是「聖地」的意思。

烏魯木齊：是維吾爾族語，意思是「美麗的牧場」。

烏蘭浩特：是蒙語「紅色之城」的意思。

4、「三」和「九」為什麼代表多數

在古詩中，我們常常可以看到這樣的句子：「飛流直下三千尺，疑是銀河落九天。」、「東風染盡三千頃，白鷺飛來無處停。」、「烽火連三日，家書抵萬金。」不難看出它們的共同特點是帶有「三」或「九」。

在日常生活中，我們也常常聽到「九死一生」、「九牛一毛」、「九霄雲外」、「三人行必有我師」等等帶有「三」和「九」的詞語。

你知道這些詩句和詞語裡的「三」和「九」是什麼意思嗎？它們

不是「三」和「九」這兩個具體的數，而是表示「多數」的意思。那麼，「三」和「九」為什麼能代表多數呢？這是有特殊原因的。

在兩千兩百多年前的春秋末期，有個偉大的思想家，他叫「李耳」，字「伯陽」，人們也叫他「老聃」，後人稱他為老子。他是道家的創始人，用「道」來說明「宇宙萬物的本質、構成、變化和本原。」他說：「一生二、二生三、三生萬物。」三就是指天、地、人，它的含意當然非常廣大。三又「生萬物」，所以，「三」泛指「多數」、「多次」。

在古代還有一本書叫《周易》。這本書是周朝人們吉凶的占卜之書。這本書中有八種基本圖形，為八卦。由「——」和「──」符號的不同排列組成。以「——」為陽，以「──」為陰。《周易》認為八卦主要象徵天、地、雷、風、水、火、山、澤八種自然現象，每卦又象徵多種事物。並認為其中的「乾」、「坤」兩卦在八卦中佔有特別重要的地位，是自然界和人類社會一切現象的最初根源。在八卦中卦象「☰」（三這個數）代表乾，也就是天。卦象「☷」（六這個數）代表坤，也就是地。把兩卦象重合便為「☰☷」（九這個數），代表乾坤，也就是天地萬物。九又屬老陽，是最大的陽數；在一到九的基本數中，九也就是最大的數，是數的終了。「九」代表物

之廣，陽之極，所以也代表「多」。

　　這就是「三」和「九」為什麼代表多數的原因。知道了「三」和「九」在古文中的意思，當再聽到有人說「三人行必有我師」時，就不會誤會為「三個人在一起，必定有我的老師」了。

　　5、標點符號的由來

　　古時候，人們寫文章是不用標點符號的，讀的人會很吃力，甚至產生誤解。到了漢朝，人們才發明了「句讀」符號。語意完整的一小段為「句」；句中語意未完，語氣可停頓的一段為「讀」（念，相當於現在的逗號）。宋朝使用「。」，「，」來表示句讀。明朝才出現了人名號和地名號。這些就是我國最早的標點符號。

第四章

誦讀是引爆小學生國語天才思維的秘密武器

壹 小學生讀、背三字經

1、怎樣分段

讀全文，明思路；抓特點，段自明。

同內容，並成段；單意思，獨成段。

時間明，按推移；敘事情，視變化。

地點清，按轉換；是說明，依內容。

2、怎樣概括段意

概段意，方法多，可歸併，善取捨。

總起句，總結句，過渡句，莫放過。

重點詞，關鍵字，串成句，段意明。

3、怎樣概括中心思想

明內容，清目的；連段意，答問題；

審清題，仔細品；析人物，思言行；

抓要點，明背景；敘事情，抓重點；

寫景物，思特點；細推敲，套格式。

4、怎樣捕捉中心句

中心句，是靈魂；抓主旨，明目的；

尋總起，找總結，覓過渡，不可略。

5、怎樣讀懂一篇文章

覽全文，明內容，詞句段，細品賞，深入讀，悟感情。

記敘文，很重要，六要素，必分清。

說明文，層次清，仔細讀，自然明。

寓言篇，趣味濃，閱讀後，明道理。

童話文，都愛讀，頌善美，陶情操。

6、怎樣閱讀古詩

明背景，知詩人。扣字眼，解詩題。

抓關鍵，明詩意。

想意境，悟詩情。多詠誦，背詩文。

7、怎樣進行課外閱讀

課外書，廣泛讀，

增智慧，長見識，

明道理，學做人。

8、怎樣背誦

要背誦，先讀熟；理詞句，抓關鍵；

細分析，再返原；抄一遍，記得快。

貳 四個步驟讓你精讀課文

　　我們所學的課文是經過教育專家審定的最適合小學生閱讀和學習的文章，所以，是非常值得大家細細閱讀和領會的。要想精讀課文主要應按照以下四步驟：

第一步：預讀

　　也就是要閱讀課文標題及有關注釋，瞭解文章的寫作背景，理解詞語的意義，在初步明確文章各自段落的段意及各段之間相互關係的基礎上，劃分出文章的層次。

第二步：通讀

　　在通讀的過程中，小朋友們要集中全部注意力，迅速地判斷並準確地理解關鍵字語，理解語法結構比較複雜的長句的含意；對一些比較難以理解的詞、句，則要根據上下文的相關意義來進行分析和推斷，以準確地理解其特定含意；能夠準確地判斷重點句和重點段，領會文章的主題。

第三步：回讀

　　也就是採用跳讀的方法對文章進行再次閱讀，把握全文及各個層

次的主要內容，並對文章中所寫的具體現象或具體事實進行概括，對文中的抽象內容做出闡釋，理解文句中隱含的資訊，分析作者的思想感情，觀點態度，並能用自己的語言進行表述。在這一階段，也可適當合上書本，回憶並複述每個部分或某些重要知識點的主要內容，檢查記憶效果，初步鞏固已經獲得的知識。

第四步：賞析

也就是在記憶、理解、記憶的基礎上，對文章所表達的思想內容，作者的觀點、感情，以及遣詞、造句、謀篇、佈局、表達方式等各個方面來做出分析和評價，鑑別其正確與錯誤、好與壞，以及為什麼好和為什麼壞。這樣才能充分理解作者的寫作意圖，並從課文的學習中獲益。

參 理解文章主題的方法

　　主題是一篇文章的靈魂。能否正確理解文章主題是一名學生閱讀能力的重要評價標準，也是檢查學生是否讀懂文章的主要標誌。要正確理解文章主題，就得掌握一定的方法。

　　題目是文章的眼睛，有時是文章主題的高度概括。有許多文章，一看題目就知道它的主題。如〈哥倫布發現新航路〉這篇課文，從題目中我們知道課文敘述的事情是圍繞「新航路」展開的，表現了哥倫布的「冒險」精神。文章的主題就從題目中體現出來了。

　　有的文章開門見山，開頭總起全文，直截了當地點明了主題。所以，看開頭也是理解文章主題的一種方法。例如〈詹天佑〉這篇課文以「詹天佑是傑出的愛國

工程師……」這句話做為開頭，而文章的中心主題正是表現詹天佑的「傑出」和「愛國」。

不僅僅是開頭，如果一篇文章的結尾是總結性的語句，那麼，很明顯，文章的主題就可以從這個結尾句上進行歸納。例如，〈我的伯父魯迅先生〉這篇課文，其結尾句就非常明顯地揭示了主題「的確，伯父就是這樣一個人，他為自己想得少，為別人想得多。」

肆 輕鬆背誦課文的訣竅

學國語就要博聞廣記，然而，背誦課文卻是令小朋友們感到頭痛的事情。試試下面幾種辦法，只要掌握其中一種，你一定會省力很多。

1、嘗試回憶法

當你誦讀課文到一定程度後，就可以合上書本試背。背完後立即與原文對照，這樣能使自己在對比中發生興趣，隨著你背誦的正確率一次次提高，大腦皮層活動的積極性也會越來越高，進而提高記憶效果。

2、「多通道」法

背誦時不僅要心想、口讀，還要手寫。手寫時，可以隨心所欲地記下某些詞語。也就是「眼到」、「口到」、「手到」，這樣能使精神專注，特別是在讀書勞累時，這種方法對幫助背誦很有效。

3、整體重複法

這種方法就是一遍又一遍，從頭到尾，反覆背誦。這種方法適合

篇幅較短的課文，如古詩。

4、化整為零法

先通讀課文，再依據某種條理劃分成若干層，如依時間變化、地點變換、事情發展的順序等，先分別背誦每一部分，最後連起來背誦全部內容。這種方法適合篇幅較長的課文。

伍 輕輕鬆鬆背古詩

　　由於古今語言的差異，有不少小朋友對背誦古詩心存畏懼。其實，如能認真背誦學過的古詩並反覆咀嚼，那對我們欣賞作品和寫作會很有幫助的。下面教你幾個背古詩的好辦法。

1、想像圖畫

　　很多古詩都有很優美的意境，一句、兩句就能構成一幅圖。背誦時，如果能隨著意境想像成「畫面」，那對記憶是很有幫助的。例如白居易的〈暮江吟〉，就可以想像成這樣的兩幅畫：一是黃昏的沙灘上，一個老人身著古裝，翹首望著西邊將要落下的太陽。落日的餘暉映紅了天邊，江水一半是紅色，一半是碧綠色。另一幅是海藍的天空，繁星在閃爍，初升的彎月斜掛著。夜幕籠罩著大地，似乎很寂靜，只有露珠不時地閃動著點點亮光。有了這幅「圖」，我們就可以根據「圖」來記詩句。

2、重點字牽引

　　我們在背誦古詩時，往往會有這樣一種情況，因為想不出詩句的第一個字而背不出全句。如果想起了這個字，句子也順利背下去了。

因此，我們把每句詩的第一個重點字記住，背全詩也就不難了。此外，古詩很講究「押韻」，我們也可以根據「韻腳」，把每句詩的最後一個字做為背誦的提示，也是行之有效的。

3、見景生情法

如春遊荷花池塘時，就可聯想實際情景背誦楊萬里的〈小池〉，仔細觀察小池怎樣「惜細流」、「愛晴柔」的，進而品味「小荷才露尖尖角，早有蜻蜓立上頭」的精妙。許多古詩背誦都可以採用這種方法。只有身臨其境，才能深刻體會。

陸 透過閱讀學寫作

「書讀了不少，可是為什麼作文還是寫不好呢？」常常聽見有小朋友這樣抱怨。其實，關鍵就是因為他們不知道應該怎樣透過閱讀來學習寫作。這裡就教你幾招：

1、從閱讀中學習作者的觀察方法

從閱讀中學習觀察方法主要學習三個方面，即觀察順序、觀察重點、觀察的具體方法。前兩個方面比較容易明白，比如課文〈翠鳥〉和〈壁虎〉，都是寫小動物的，其中都有對動物具體的描寫。從描寫中可以看出，寫〈翠鳥〉的作者是先從翠鳥的羽毛觀察起，然後到體形、眼睛和嘴。寫壁虎的作者是先從壁虎的腳觀察起，然後到頭、嘴、眼睛、尾巴，最後到壁虎身上的鱗。第三個方面——觀察的具體方法，主要是指作者是透過哪些具體的手法進行觀察的。每一篇文章，內容不同，寫作方法不同，從中所表現出來的觀察方法也不同。即使是內容相近的文章，作者所用的觀察方法也都不一樣。要注意仔細區別。

2、從閱讀中學習作者的選材和組材方法

　　不管是哪種體裁和哪種類型的優秀文章，只要小朋友們認真讀過幾遍以後，就能抓住這篇文章的主要內容和中心思想，其原因就是作者能緊扣中心素材，重點突出。在閱讀中，小朋友們的腦子裡要多打幾個問號：「作者為什麼要選擇這些素材來寫？」、「這些素材與文章的中心有什麼關係？」等等，從中體會到選材的方法。

　　至於組織素材的方法，小朋友們在閱讀中主要學習三點：

　　1.表達順序。課文中出現的有三種表達順序，即順敘、倒敘、插敘。

　　2.素材的詳略。閱讀一篇文章時要動腦筋想一想作者為什麼這部分寫得詳細，那部分寫得簡單，從中得到啟發。

　　3.開頭與結尾。小朋友們學習的課文，開頭與結尾的方法很多，如開頭有就事情發生的時間開頭，有總起句開頭，還有用事情的結果開頭等。結尾有自然性結尾，有發表議論或抒情結尾，有點明中心結尾等。閱讀時要動腦筋想一想作者為什麼用這樣的形式開頭或結尾？有什麼好處？經常進行這樣的思考，自然就能學會組材的辦法了。

3、從閱讀中學習作者遣詞用句的方法

　　閱讀時除了學習作者的觀察、選材和組材的方法外，還要學習作

者是怎樣運用準確、豐富的辭彙和精練、完整的句子來表達中心思想的。這一點非常重要。對一篇作文來說，語言猶如外衣，只有漂亮、精練的語言才能吸引人，才能達到預想的表達效果。

柒　讀書要有選擇

　　高爾基曾說：「我撲到書籍上，就像飢餓的人撲到麵包上一樣。」很多小朋友也是很熱愛書籍、渴望讀書的。但由於缺乏正確的指導，見到書，不分好壞，一概都讀。這樣盲目地讀書好不好呢？當然不好。如果不分好壞見書就讀，恐怕這輩子你什麼事也不做，也讀不了世界存書中的一點點，因為世界上的書太多了，誰能讀得完呢？在中國南北朝時有個學者叫陸澄，他從小好學，相當刻苦，「行坐眠食，手不釋卷」，他用三年時間把《易經》背得滾瓜爛熟，卻不明白書中的道理；他想編一部《宋書》，結果一輩子也沒有完成。可嘆雙鬢已白，那些無用的書給他帶來了什麼好處呢？況且，人們所能接觸到的書，除了好書，還有一些壞書，讀了壞書，不但沒有好處，反而有害處。英國作家菲爾丁曾說過：「不好的書也像不好的朋友一樣，可能會把你戕害。」這是作家總結了多少教訓的經驗之談啊！著名童話作家嚴文井老爺爺曾深有感觸地說過：「當我明白了自己讀書非常少的時候，我就產生了求學的強烈願望。當我知道了世界上書籍數目如何龐大的時候，我又產生了分辨好壞，選擇好書的願望。」這分辨好壞，選擇好書的願望，使嚴爺爺讀寫能力日益提高，終於成為著名

的作家，爲事業，做出了應有的貢獻。所以，讀書，非好好選擇不可。

　　既然這樣，就要選擇對自身的思想、學識、智力的提高有幫助的第一流的書籍。因爲這些書籍是書的精華，它可以開闊我們的思路，啓迪我們的智慧。我們在數不勝數的書籍中抓到精髓，就會舉一反三，觸類旁通了。

　　怎樣選擇第一流的書籍呢？小朋友們可以首先尋求老師、家長及有經驗的朋友的指教，開出一個書單，挑選出既會引起自己的興趣，又有價值的書來精讀，盡力避免泛泛地瀏覽，而像放大鏡一樣，「把你的精力集中到一個焦點上試試」，就會有較大的收益。

捌 做讀書筆記三字訣

中國已故著名詞學家夏承燾，畢生勤奮讀書，而且每讀必動筆。在談到如何做讀書筆記時，他依據自己幾十年的治學經驗，總結了下面三個字：

一是「小」，也就是用小本子記。夏老的讀書筆記用小本子，一事記一張，便於分類、整理。他把自己的筆記命名為《掬漚錄》。「掬」的意思是雙手捧。「漚」的意思是水泡。因為清朝學者章學誠在《章氏遺書》中，曾講到過做讀書筆記的重要，說讀書如果不做筆記，就如同雨水落入大海，毫無蹤影。《掬漚錄》三字即取其意。

二是「少」，也就是說每一條都要用最少的文字記下來，要記得精。但是同時也要記得勤，條數要記得多。每個問題可記下許多條，孤立的一小條看不出學問，許多條彙攏來，就會加深對一個方面知識的理解。只要長期堅持這樣，積少成多，知識就能逐漸豐富起來。

三是「了」，就是對自己所記內容要透徹瞭解。手腦並用，進而使得學到的東西在自己的頭腦裡成為「會發酵」的知識。

玖 五步讀透課外書

　　小朋友們都喜歡讀課外書，但是，並不是每一個人都把課外書真正地讀透了。建議小朋友們按照以下五個步驟來閱讀課外書，這樣就會有更大的收穫。

　　第一步：瀏覽。在你正式閱讀一本書前，先進行粗讀，把書瀏覽一遍，瞭解一下這本書的主要內容。也可看看序言、目錄等，甚至插畫、注釋都要看，這樣你對全書有個初步印象，有時還能從粗讀中發現書中重點章節。

　　第二步：置疑。在你瀏覽一遍後，要記下你產生的疑問，然後帶著疑問去仔細讀，啓動腦筋思索，這樣使你讀書更具有目的性，更有收穫。

　　第三步：細讀。對比較重要的書籍，經過細細的閱讀，即逐章逐段，以致逐字逐句地深鑽細研，盡量做到不要漏讀。讀時可以圈圈點點，或者勾勾劃劃，或是隨文批註等，總之要讀出味道來，要品出書的妙處，從中汲取知識。

　　第四步：複述。你讀完後，首先想想，自己能不能把讀過的內容

講出來，如果能講得有條有理，重點突出，這就說明你把書讀懂了。

第五步：複習。這多半是指重要的，或經常要使用的書籍，那就必須反覆讀。這樣做有利於深入理解作者的思想、感情，也能加深自己的記憶，對精彩片段還能熟讀成誦。

拾 讓閱讀鮮活起來

　　讀書是一件充滿樂趣的事，但是，如果總是埋頭苦讀，時間久了難免會覺得乏味。採取一些有效的辦法，能讓閱讀活動變得鮮活生動起來，並使我們的閱讀得以延伸。下面我們介紹的這些方法，相信會給小朋友們帶來一定的幫助。

1、留心書評

　　在我們的報紙、雜誌和電視上，常開設有「新書介紹」、「佳作點評」、「讀書人沙龍」之類欄目和專題節目，是我們瞭解書情書評的好窗口。只要平常注意瀏覽一下，就能盡可能地獲得閱讀資訊，激發閱讀思考，加深閱讀印象。

2、注重與朋友的交流

　　小朋友和朋友之間應該經常交流自己讀完某一本課外書之後的心得和體會，自己覺得好的書籍也可以向大家推薦。這樣，既可以從別人那裡瞭解到自己在讀書時所沒有注意到的東西，同時也可以知道自己沒有讀過的好書。

3、嘗試寫作

有許多作家在談到自己為什麼走上寫作之路時，都談到豐富的閱讀激發了他們的寫作興趣。雖然你不一定會成為作家，但身為現代人，你必須學會表達自己的思想，掌握運用語言文字的能力。你在閱讀中會有一些感想，可以把它寫成讀書心得。而有些書一讀起來就會喚起你對生活的某些感觸，可以把它寫成記敘性文字。當你在閱讀中掌握了一些資料後，可以提出一種見解，寫成議論性文字。嘗試寫作將使你的讀書生活向縱深發展，何樂而不為呢？

4、收藏好書

你讀過的書，如果認為還有重新閱讀的必要，可以買一本收藏起來，漸漸地，你就會擁有一個真正屬於自己的書架。當你空閒的時候，或者心情不太好時，整理一下自己的書籍，翻一翻自己在閱讀時留在書頁上的紀錄與批語，你的心情一定會變得充實而愉悅。

拾壹 牛食與鯨吞讀書法

所謂「牛食」，就是像牛吃草一樣，慢慢地咀嚼，然後還要把吞嚥到胃裡的食物再返送到嘴裡，細細地反芻，充分地磨爛，吸收養分。所謂「鯨吞」，則是像鯨一樣吸進大量海水，把有用的東西留下，再把海水排出去，最後留下食物慢慢消化。對小學生來說，面對不同的書籍時，應該正確採用「牛食」與「鯨吞」兩種讀書方法。

具體說來，閱讀課本時，應當採用「牛食」讀書法。我們的課本是經過專家們仔細挑選而編成的，所以，大家要盡量慢慢地讀，一面閱讀一面回憶和溫習，尤其是對於那些很有價值、必須掌握的知識，一定要咀嚼到極細再吞嚥下去，即使是很難消化和吸收的東西，經過反覆咀嚼，也會變得容易消化和吸收。

當閱讀課外讀物時，大家就應該採用「鯨吞」法。因為課外讀物中，並不是所有的都有價值，我們應該盡可能地「跳讀」或「一掃而過」，這樣才能提高閱讀速度。同時還可以有效地排除過多的「水分」，留出寶貴的時間重點閱讀精華部分，這樣才能有所收穫。例如，在閱讀報章雜誌時，我們只需要把其中最重要的部分瀏覽一下就

可以了。

　　總之，「牛食」與「鯨吞」這兩種讀書法並不是截然分開的。小朋友們在平時的閱讀中應該根據不同的情況採取最合適的辦法，這樣才能取得最佳的閱讀效果。

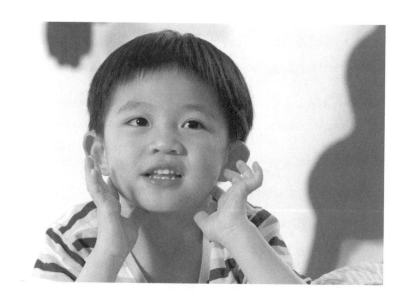

拾貳 默讀是提高閱讀速度的秘訣

　　默讀是一種非常重要的閱讀方法。尤其是我們閱讀一些課外讀物時，一般說來都是採用默讀的方法。因爲，與其他閱讀方法相比，默讀的速度較快。我們的時間是有限的，採用默讀的方法可以在較短的時間裡獲得較大量的知識，可以充分利用時間。有的小朋友雖然沒有大聲朗讀，但在閱讀時還是習慣小聲地把字一個一個唸出來，這並不是真正的默讀，閱讀速度還是很慢。這裡教你一招：讀書時將一根手指按在嘴唇上，不讓它有任何的動作，這樣，你就可以慢慢地學會真正的默讀了。

　　一般說來，默讀的速度以每秒鐘七、八個字最爲合適，這個速度不慢也不快。因爲，如果速度太慢，我們的大腦因爲接收到的信息量不夠大就容易出神，造成注意力不集中；而如果速度太快，往往就會一句話的意思都沒弄懂就又翻過了一頁，這樣就失去了閱讀的意義。此外，根據閱讀資料內容的難易程度的不同，我們的閱讀速度要與之相適應。如果閱讀資料是科技類的，較爲複雜和難理解，我們讀的時

候就應該放慢速度；如果閱讀資料是故事性的，比較淺顯易懂，我們就可以提高閱讀速度。

　　需要指出的是，閱讀的速度是可以訓練的。剛開始的時候可以給自己規定時間，在規定的時間裡必須讀完某一段或某一篇文章，完成任務之後就可以適當提高要求，規定自己必須在更短的時間裡讀完相同長度的文章。只要堅持下去，閱讀速度自然而然就會提高了。

拾參 教你訓練出驚人的閱讀速度

　　小朋友們都知道，火車提速，會給鐵路運輸部門帶來巨大的經濟效益。同樣，閱讀速度快起來，能幫助我們閱讀更多的書籍，獲取更多的知識和資訊。那麼，如何提高閱讀速度呢？

　　首先，要學會「點擊」目標。看一本書，就如打開電腦，先要確定目標，然後用滑鼠點擊。一般說來，我們閱讀一本書，是帶有一定目的的。有時透過「序言」和「目錄」，就能對書的內容有個大概瞭解，然後根據自己的需要，有所側重地閱讀某些章節。這樣就能比較快捷地獲得自己所需要的資訊。

　　其次，要學會「搜索」。有的小朋友之所以閱讀速度慢，是因為習慣了逐字逐句讀。這樣「細嚼慢嚥」固然易於消化，但是對有些文章而言，一概採用這種方法，就顯得不適合了。閱讀中，要善於抓住關鍵字、中心句，一段話或一篇文章的精華往往就體現在這些關鍵字或中心句上。至於其他內容，有時只需一眼帶過就行了，大可不必平均用力，字字到位。

　　最後，還要學會快速「拖拽」。有時，文章內容比較多，翻過

一頁又一頁，這就要注意前後內容的聯繫，不斷地把前面的主要觀點「拖拽」到後面，使內容前後貫穿，以便獲得一個概括而又完整的印象。有的小朋友不注意前後聯繫，看了後面忘了前面。這樣雖然閱讀速度很快，但難以收到好的效果。

　　上面三點，小朋友們不妨試試看。只要堅持不懈，「一目十行」的境界是不難達到的。當然嘍，如果能夠「過目不忘」，那才是閱讀的妙境呢！

附一：親子小提示——寫給父母的話

1、讓孩子把讀書堅持到底

在大多數父母中存在一個誤解，即孩子學會閱讀之後，就應該讓孩子自己閱讀，父母不應該繼續越俎代庖。事實上，教育專家的建議是，做父母的應當在孩子國中畢業之前，一直堅持孩子朗讀書籍——儘管這時候孩子早已能夠自己閱讀。大多數孩子在13歲之前，聽力要比閱讀能力高，因此他們能夠從聽父母給他們朗讀書籍的過程中汲取許多知識。即使是給較大一些的孩子們朗讀書籍，你也能向他們介紹一些他們自己不可能去攻讀的書籍。

最好的辦法應該是這樣的：當孩子年幼時，父母在給孩子朗讀書籍時，應該能把書本上枯燥的文字讀得繪聲繪色、娓娓動聽，只有這樣，才能夠保證孩子會聚精會神地聽。此外，父母還可以利用靈活多樣的辦法，設法讓孩子參與其中，例如，在朗讀的過程中，故意漏掉一個關鍵字，然後，停下來一會兒，等著孩子來補上，你也可以不時地提問他們：「現在，你想一想要發生什麼事情了？」碰到孩子不太理解的話，父母一定要停下來，耐心地進行解釋，直到孩子徹底明白

之後再繼續朗讀。

當孩子長大一些之後，父母可以採用和孩子輪流給對方朗讀書籍的方法，讓孩子也參與其中，這樣，孩子不僅能專心致志地聽，而且還能認認眞眞地讀，大家都能從閱讀中體會到無窮樂趣。此外，當你給孩子朗讀完某一本書時，可以問問孩子，故事中的哪些情節、哪個角色最能夠打動孩子，或者你問孩子，如果要讓孩子來寫書中所講故事的結局，孩子將會如何寫。這種「積極」閱讀法可以加強孩子對語言的掌握，並且能夠鼓勵孩子勤於思考。

教育專家的研究顯示，如果父母能做到盡可能長時間地堅持給孩子朗讀書籍，而且還採用積極主動的朗讀書籍方式的話，那麼，他們的孩子的閱讀能力要比其他同年齡孩子強20％～30％。

2、培養孩子讀書的興趣

在人類的知識傳遞過程中，書籍總是起著巨大的作用，這一點對孩子來說，也不例外。如果一個家庭裡沒有一定種類和數量的教育孩子的圖書，這是不應該的。有藏書的家庭和幾乎沒有什麼書的家庭，對孩子的影響是完全不同的。家庭的藏書反映了孩子最初環境的好壞。除此之外，更重要的是要培養孩子讀書的興趣，而且要格外重視

課外閱讀。

　　呂叔湘先生曾這樣回憶自己的學習過程：「……得之於老師課堂上講的佔多少，得之於課外閱讀的佔多少。我想自己大概是三七吧！也就是說，百分之七十是得之於課外閱讀。」呂先生的話，一語說中了課外閱讀在國語學習中的重要作用。曾經有教育家對200多名閱讀理解能力較強的兒童進行研究，結果發現，他們的共同之處是，從小就在父母的影響下養成了愛讀書的習慣，對讀書充滿興趣。那麼，怎樣才能培養孩子的讀書興趣呢？

　　首先，父母一定要注重言傳身教，讓自己先養成讀書的好習慣。因為孩子總是喜歡模仿，如果他看見父母津津有味地讀書，自己也會去看看究竟有什麼吸引人的，看不懂也沒有關係，父母可以唸給他聽。時間久了，家中自然充滿了讀書的好氛圍。

　　其次，讓孩子擁有屬於自己的書櫃。如果孩子的書和父母的書混在一起，孩子會經常找不到自己的書。父母可以讓孩子有一個專屬自己的小書架，把各種書都貼上標籤，人物傳記、科學故事、童話傳說、兒童畫報、課本參考書等都分類放進去。此外，父母還應該給孩子準備幾本適當的工具書。經過教育家的試驗，孩子會非常喜歡這樣

附一：親子小提示——寫給父母的話

屬於他自己的書架，會把它當成自己的小圖書館，只要有機會找到書，就整齊地放進去。有些父母認為，孩子總是喜歡買零食，事實上，只要環境允許，孩子是喜歡買書的！

最後，幫助孩子選好書。對開闊孩子的視野來說，書多一些當然好，但對於一些重要的、需要長期培養的方面，書並不是越多越好，多了反而會雜亂，內容良莠不齊。因此在每一個方面選好一本書，就像選好一位老師一樣重要。有的孩子讀了五本書，可能不如一個孩子唯讀一本書。就像你去聽別人講話，碰上一個智慧的人，你會停下來，久久聆聽；而碰上一個嘮嘮叨叨，又沒有多少見識的人，則只會敗壞你的興致。

3、名人家教故事：孔子教弟子學詩

孔子是春秋末期儒家學派的創始人，也是中國歷史上偉大的思想家和教育家。孔子在魯國講學數十年，弟子達三千。他在教學方面有很多重要的經驗。例如，他注重「因材施教」，針對每個人的不同情況，實行不同的教育方式，同時，他還採用循循善誘、舉一反三的啟發式教學方法。

在家庭教育方面，孔子認為，從小就應該以坦蕩之心對待孩子，

傳之以「禮」，教之以「詩」。也就是說，做父母的不應該溺愛孩子，而是應該以光明磊落的思想胸懷，教會孩子懂得文明禮貌和掌握文化知知識與技能。

孔子是這樣說的，也是這樣做的。他在教導自己的兒子孔鯉學詩的時候，一開始看到兒子不以為然就反覆強調學詩的重要性。他說，詩可以培養我們的聯想力和觀察力，可以幫助我們做好團結，可以

讓我們用來諷刺不好的行為。詩歌教導我們很多道理，可以讓我們懂得如何侍奉父母、如何侍奉君王，它還可以使我們知道許多鳥、獸、草、木的名字。小孔鯉聽了父親的教導後，恍然大悟，說：「學詩原來有這麼多好處，兒子從今以後努力學習就是了。」

　　經過半年時間，小孔鯉將三百多篇詩歌背得滾瓜爛熟，心裡感到充實、暢快，體會也多了，眼界也逐漸開闊了。有時，也能獨自彈琴唱上幾段。但是，孔子並不滿意孔鯉只是將詩背得滾瓜爛熟，就進一步地啓發誘導孔鯉說：「熟，很好。但是，熟是爲了用。用比學更難。我常向學生們說，熟讀詩歌三百篇，如不能運用，縱然讀得多，也是無用的。」從此，小孔鯉學詩時非常注意學用結合，取得了很大進步。

附二：趣味國語常識

1、有趣的語言易位

在一句話中，如果幾個字的位置互換後，意思有時就會發生微妙的變化。這種形式叫「易位」。

例如，四川、湖南、貴州三省的人愛吃辣椒，一個地方比一個地方厲害，所以人們就有這麼一個說法：「四川人不怕辣，湖南人辣不怕，貴州人怕不辣。」另外，中國現代著名學者聞一多有一段名言，表白了自己與眾不同的思想。他說：「人家說了再做，我是做了再說；人家說了不一定做，我是做了不一定說。」「說」與「做」，這兩個字易位馬上反映了兩種截然不同的態度，讓人回味無窮。

2、中國古書中的「第一」

（1）第一部字典是《說文解字》。

（2）第一部辭典是《爾雅》。

（3）第一部文選是《昭明文選》。

（4）第一部神話集是《山海經》。

（5）第一部神話小說集是《世說新語》。

（6）第一部兵書是《孫子兵法》。

（7）第一部農業百科全書是《齊民要術》。

（8）第一部醫藥書籍是《黃帝內經》。

（9）第一部地理書是《禹貢》。

（10）第一部茶葉製作書是《茶經》。

（11）第一部建築學專著是《營造法式》。

（12）第一部繪畫理論著作是《古畫品錄》。

（13）第一部系統的戲曲理論著作是《閒情偶寄》。

（14）第一部戲曲史是《宋元戲曲韻史》。

（15）第一部圖書分類總目錄是《七略》。

3、代稱趣談

桃李——培養的後輩或所教的學生。桃李結果繁多，「桃李滿天下」比喻所栽培的後輩或所教的學生極多，各地都有。唐朝宰相狄仁傑向武則天推薦了姚崇等數十人，後來他們都成了當時的名臣。有

人讚揚狄仁傑：「天下桃李都出在您的門下了！」因此後人就用「桃李」代稱學生或所推薦的人才，如說「某某老師桃李滿天下」。

高足——優秀學生。古代評論馬，以高足、中足、低足來判斷優劣，高足最好。後來人們以物代人，用「高足」代稱優秀學生。

汗青——書冊、史冊。古代在竹簡上書寫，書寫前，將青竹在火上烤，去掉水分。乾後的青竹，容易書寫而且不易生蟲。後來人們用書寫材料代稱書寫結果，就用「汗青」代稱書冊、史冊了。民族英雄文天祥就有「留取丹心照汗青」的詩句。

桑梓——家鄉、故鄉。古代，人們喜歡在住宅周圍栽植桑樹和梓樹，後來人們就用物代處所，用「桑梓」代稱家鄉。讚揚某人為家鄉造福，往往用「功在桑梓」。

4、格言賞析

中國古代的詩文裡有很多格言。這些格言膾炙人口，在世間廣為流傳，常常被人們在文章裡引用。它們語句精練，而道理深刻。我們就一起來瞭解一些格言。

第一類：勸誡人們虛心好學，進取向上，才能不斷進步。

（1）滿招損，謙受益

出自《尚書·大禹謨》：「滿招損，謙受益，時乃天道。」意思是說，自滿的人會招來損害，謙虛的人會受到益處。它告訴人們驕傲自滿有害，謙虛謹慎有益的道理。

（2）三人行，必有我師

出自《論語·述而》：「三人行，必有我師焉。擇其善者而從之。」意思是說，幾個人共同行走，其中必定有可以做我的老師的。要學習他的長處、優點；至於他的缺點，要檢視自己有沒有，加以改正。它說明要善於向別人學習，虛心學習他人的長處。

（3）他山之石，可以攻玉

出自《詩經·小雅·鶴鳴》：「……他山之石，可以攻玉。」意思是說，別的山上的石頭，可以雕刻出玉器。這句話現在用來比喻藉助別人、別地、別國的先進事物或經驗，來做好自己的工作。

（4）百尺竿頭須進步

出自北宋《景德傳燈錄》：「百尺竿頭須進步，十方世界是全身。」意思是說，僧道修行的功夫即使已達到百尺竿頭的頂端，也還

要繼續深造，以達到充滿宇宙的最高境界。「百尺竿頭須進步」現在也說成「百尺竿頭，更進一步」，用來說明即使取得很大的成績，也不能驕傲自滿，故步自封，還要繼續努力，爭取更大的成績。

第二類：教導人們堅韌不拔、持之以恆，才能取得成功。

（1）鍥而不捨

出自《荀子・勸學》：「騏驥一躍，不能十步；駑馬十駕，功在不捨；鍥而捨之，朽木不折；鍥而不捨，金石可鏤。」騏驥：駿馬。駑馬：跑不快的馬。鍥、鏤：雕刻。意思是說，良馬跳躍一下，達不到十步遠；劣馬拉十天車卻能走很遠的路程，這是不停地走的結果。雕刻一樣東西，用刀子刻幾下就停止，朽木也刻不斷；不停地刻下去，也能將金石雕刻成器。這句話說明只有堅持不懈，有恆心、有毅力，才能把事情做成功。

（2）繩鋸木斷，水滴石穿

出自《漢書・枚乘傳》：「泰山之溜穿石，單極之綆斷幹。水非石之鑽，索非木之鋸，漸靡使之然也。」綆：繩子。意思是說，泰山上流下的水溜能穿透岩石，很細的繩索能磨斷樹幹。水並不是鑽石頭的鑽子，繩索也不是鋸木頭的鋸子，但是一點一點地磨擦，就使得石

穿木斷了。它告訴人們，持之以恆，不斷努力，事情一定會成功。

（3）有志者，事竟成

出自《後漢書·耿弇傳》。耿弇收復齊地，立下大功，光武帝劉秀讚揚他說：「……有志者事竟成也。」意思是說，有志氣的人，事情終究能夠成功。這句話說明，一個人無論做多麼艱難的事，只要有雄心壯志，不懈努力，就能夠成功。

第三類：教育人們從點滴做起，注意累積。

不積跬（ㄎㄨㄟˇ）步，無以至千里；不積細流，無以成江海。

出自《荀子·勸學篇》。跬：一舉足的距離，半步。意思是說，走路不一步一步地累積，就不能達到千里之遠；不匯集細小的水流，就不能成為江海。說明學習必須一點一點地累積，也說明事情的成功都是由小到大逐漸累積的。

第四類：包含辨證法，富於哲理性，給人深刻啓迪。

（1）千里之堤，潰於蟻穴

出自《韓非子·喻老》：「千丈之堤，以螻蟻之穴潰；百尺之室，以突隙之煙焚。」意思是說，千丈長的河堤，可能因為螻蛄、螞

蟻一類的小蟲鑽洞而被大水沖破；百尺高的房屋可能因為煙筒縫裡冒出的一點煙火而燒毀。它用誇張的手法說明，不能忽視小的漏洞和差錯，以免造成大禍。

（2）欲速則不達

出自《論語·子路》。孔子的弟子子夏在魯國做了官，有一天回來向孔子請教，孔子對他說：「無欲速，無見小利，欲速則不達；見小利，則大事不成。」意思是說，做事不要圖快，不要只見眼前小利，如果只圖快，結果反而達不到目的；只圖小利，就辦不成大事。說明做事不能只圖快不求好，急於求成反而做不好事。

（3）塞翁失馬，焉知非福

出自漢朝劉安《淮南子·人間訓》。故事說，邊塞上有個老頭丟了一匹馬，別人來安慰他，他卻說，怎麼知道這不是福呢？後來那匹遺失的馬回來了，還帶著另外一匹好馬。人們把這個故事概括為「塞翁失馬，焉知非福」，用來說明事物一分為二的道理，壞事也可以引出好的結果。

第五章
作文是所有天才的必備武器

壹 小學生作文三字經

1、怎樣觀察

觀察好，得用腦。

眼耳鼻，嘴與手，觀察時，都用上。

先用眼，細細瞧，形色態，細分辨。

聽聲音，嗅氣味，觸形態，動腦筋。

有順序，善比較，突重點，巧聯想，抓特點，觀察好。

2、怎樣收集素材

多用心，善思考，勤摘錄，多剪報。

3、怎樣審題

要作文，先審題。

明範圍，扣題眼，知數量，清人稱，附加語，須重視。

4、怎樣選材

選素材，須扣題。

熟素材，先選新，既眞實，又典型。

5、怎樣構思

定中心，宜扣題，無須多，不偏離，

既正確，又鮮明，立好意，才下筆。

6、怎樣列提綱

列提綱，搭架子。

定中心，理思路，明詳略，細琢磨。

7、怎樣開頭

開好頭，是關鍵。

直入題，設懸念，描繪景，抒發情，

藉故事，引入文，先概述，再具體，借哲理，巧議論。

要成功，須靈活。

8、怎樣結尾

結尾好，味無窮。

自然收，忌添足；巧總結，點中心；

善啓發，留餘地；暗照應，成一體。

9、怎樣過渡

銜接段，靠過渡。

用詞語，巧鋪路；用句子，架設橋；用段落，妙連接。

忌生硬，忌跳躍。

10、怎樣寫具體

寫文章，須具體。

多形容，多修飾；細心描，大膽想；

善分解，巧對照；從整體，到部分；先場面，後聚焦。

11、怎樣繪景

形色態，觀察清，抓特點，按順序，融入情，精描繪。

12、怎樣狀物

選好物，先熟悉。

明來歷，知用法。

察外形，按順序，形與色，要看清，抓重點，細描繪。

13、怎樣敘事

六要素，要記住，年月日，寫清楚，

環境清，人物有，起因前，脈絡連，寫結果，別含糊。

有重點，有詳略。

14、怎樣記人

描肖像，記衣著，繪長相，點神態，

言與行，要逼真，察心理，見精神。

15、怎樣修改

讀中改，細增刪，調並換，文意暢。

標點號，用恰當。多推敲，嚴把關。

熱加工，冷處理，互批改，互借鑒。

16、怎樣改寫

通讀文，明要求，細比較，找差異，

增刪換，細推敲，再通讀，達目標。

17、怎樣擴寫

明中心，抓要點，善想像，多描寫，抒真情，巧議論。

18、怎樣縮寫

抓中心，明要點，理思路，清梗概，去枝葉，留主幹。

19、怎樣看圖作文

看仔細，想合理。

一看人，二看景，三看事，分主次。推前因，想結果。

看中想，求創新。

20、怎樣寫應用文

寫日記，有格式，見聞感，都可記。

寫書信，按格式，言得體，有中心。

板報稿，重選材，言簡明，標題新。

應用文，講格式，多實踐，活運用。

貳 抓住每一次練筆的機會

　　古代有一個笑話：一個北方人，來到南方，他向住在江邊的人請教游泳方法。住在江邊的人，便把自己游泳的體會講給他聽。北方人聽完之後，很高興，以為自己也可以在江水裡游泳了，就撲通跳下水去，結果再也沒有上來。那個住在江邊的南方人，是經過長期的訓練，才練就了一身游泳的好本領，北方人怎麼能自以為聽人家講了一遍游泳方法就可以掌握水性呢？用宋朝文學家蘇軾的說法就是，像這樣的北方人，「未有不溺者也」。

　　我們的小朋友當中也有一些像那個學游泳的北方人一樣，不注重勤奮練筆，總是要求老師多講點寫作方法，以為背會一些寫作方法，作文就能一下子寫好。俗話說：「拳不離手，曲不離口。」多練才能「熟」，「熟」才能生巧，只有在反覆的訓練過程中，才能獲得熟練的技能、技巧，作文又何嘗不是這個道理呢？如果認為只要把寫作方法背下來了，就可以不費吹灰之力，寫一手好文章，十個有十個是會失敗的。

　　那麼，怎樣練筆呢？身為小學生，主要應該從以下幾個方面去

做：

　　首先要認真上好作文課。一個學期，通常寫十二、三篇大小作文。這是老師根據教學大綱的要求，從教材實際出發，從小朋友提高寫作能力的需要出發，制訂的教學計畫。每一次上作文課，老師都提出明確的要求，進行具體的指導，還要細緻地批改評講，透過作文課有計畫、有目的地提高小朋友們的寫作能力。因此，小朋友們要認真上好作文課，寫好每一篇作文。寫作文前，專心聽老師輔導，根據作文的需要，準備素材，編寫提綱；寫完作文，要讀幾遍，推敲錘鍊；作文發下來以後，根據老師的批語，認真修改，即時總結每一篇作文的經驗教訓。可以說，這是小朋友們提高寫作能力的重要途徑。

　　但是，一個學期寫十二、三篇作文，不能算多。要真正提高寫作程度，僅僅靠課內的作文，顯然是不夠的，這就需要大家積極開展課外的練筆活動。課外練筆，是寫好作文的有效辦法。第一，內容不限，可以寫平時生活中的所見、所聞、所感。第二，形式不拘，記敘、議論、說明，都可以寫。第三，篇幅長短自由，有話則長，話少短寫。第四，可以不受時間限制，見縫插針，有空就寫，靈活機動。這樣的練筆，如能每週進行兩三次，一個學期，便可寫四、五十篇，只要堅持下去，對提高寫作，可以收到明顯的效果。

此外，大家還要重視那些「不是作文的作文」。例如，各科作業中的問答題，不要滿足於寫幾條課本上的要點，答對即可，如果時間允許，請盡量寫成一篇有頭有尾、層次清楚、中心明確的短文；對於平時學習、思想的總結，也不要寥寥數語，就應付交差，最好是像寫作文那樣，編一個提綱，有了清晰的思想，再運筆行文；聽完一個報告或演講，也不要聽完就了事，最好把記錄整理成文並工整地重抄一遍；哪怕是寫信、寫假條，也應該像寫作文那樣，寫完之後，讀幾遍，認真修改一下。小朋友們如能這樣一絲不苟地對待那些「不是作文的作文」，又能獲得多少練筆的機會啊！就以每週兩三次計算，加上課內的作文，以及課外的練筆，一個學期可寫大小作文一百多篇，這個數字是很可觀的啊！

所以，小朋友們一定要抓住每一個練筆的機會，這樣才能寫出好作文。

如何在選材上創新

　　作文寫得好不好題材很關鍵，你每次作文都是炒那碗冷飯，多吃幾次連你自己都倒胃口，作文最忌諱的就是這樣。但是一提到作文題材要新，不少小朋友就喊苦連天，成天從家到學校，從學校到家，兩點一線運動，多平常，多乏味，還有什麼新鮮事可寫？

　　兩點一線就真的沒有什麼新鮮事可寫嗎？人們常說世界上沒有兩片相同的葉子，又說太陽每天都是新的，可見生活並不是簡單的重複，而是新鮮事層出不窮，關鍵是我們要做生活的有心人，這樣才會發現新鮮事的眼光。比如說爸爸媽媽是小朋友們常寫的人物，有的小朋友覺得都寫膩了。寫同一個人寫多了難度會越來越大這是事實。如果你再漫不經心，當然只能炒冷飯了。不注意觀察常常會使我們視若無睹。細心觀察也許會發現爸爸確實有些不同了，比如過去他也許對衣著比較隨便，現在講究了些。你再探究下去，哦，原來是生活條件變化了，並非爸爸天生喜歡穿舊衣服。這樣寫不是寫出了爸爸的一些新鮮事嗎？

　　其實，僅僅把「新」理解為只有探險、打獵，城市的孩子到農

村守瓜地、放牛才是新鮮題材，這樣的理解就太簡單了。不錯，前面說的這些事都可以成爲很好的寫作題材，然而不是每個人都有這種經歷，即使碰到那麼一兩次，也不能滿足我們每次作文的需要。但是請放心，我們所說的「新」並不僅僅指新鮮事，它還包括對舊事物從新的角度去寫，或者寫對它新的認識等，這樣寫出的作文同樣會給人新鮮感。

　　比如寫元旦總統府前升國旗典禮的文章很多，一般都是按升旗典禮的程序去寫，這樣的文章見多了自然不能給人多少新鮮感。有一篇作文沒有正面寫升旗典禮，而是寫了與升旗典禮有關的插曲。寫一隊來遲的小學生，怎樣在輔導員的帶領下，經過巧妙的努力，終於得到進場看升旗典禮的機會。雖然作文沒有正面寫升旗典禮，要透過描寫小學生爲了升旗典禮如何不懈地努力，讓我們同樣也能感受到升旗典禮場面的壯觀。角度不同，效果一樣，正是「條條大道通羅馬」。所以，我們如果寫學校的升旗典禮，能突破：主席就位──唱國歌──校長（老師）講話──解散的──一般程序化的寫法，就能寫出創新。

肆 三張卡片幫你寫出好作文

不少小朋友一提到寫作文就發愁，其實，如果你掌握了正確的方法，只要三張卡片，作文就可以輕鬆搞定。我們就來看一看吧！

第一張卡片：素材卡片

素材是作文的第一要素。很多小朋友在寫作文時完全是憑無意識的生活直覺來湊集作文素材，就很容易造成所選的素材不生動、不典型，形成「內容空洞」的毛病。因此，小朋友們面對一個作文題目時，首先就要認真思考，看看有哪些生活中的事情可以做為作文素材，一一列出，然後再透過篩選，最後找出最適合的，記錄在卡片上。

第二張卡片：提綱卡片

選好了合適的素材之後，我們接下來就要考慮作文應該怎麼寫了。提綱卡片上就是要寫上作文的大致思路，例如如何分段、如何運用素材、文章的中心線索等。提綱卡片只要寫清楚了，作文的框架就明確了。

第三張卡片：辭彙卡片

　　作文的最終完成是要依靠語言辭彙的組合，所以，一篇作文究竟寫得好不好，語言的精彩與否是非常重要的。當我們對作文的提綱有了把握之後，就應該想一想自己在平時的閱讀中碰到過哪些精彩的語句和辭彙可以在自己要寫的這篇作文中借用，然後把它們寫在辭彙卡片上。這樣既能促進對平時所學語言的鞏固，同時，在寫作的過程中還可以不時翻閱，進而達到學以致用的目的。

　　三張卡片製作好之後，你就可以輕輕鬆鬆開始寫作文啦！

伍　如何讓你的作文先聲奪人

　　萬事開頭難，寫作文開頭也難。這正像著名文學家高爾基說的：「開頭第一句是最困難的，好像在音樂裡定調一樣，往往要費很長時間才能找到它。」作文的開頭雖然難寫，但我們又必須寫好，因為，作文開頭好比人類五官中的眼睛：眼睛炯炯有神，能吸引別人的注意，是留下美好印象的第一步；作文有一個漂亮的開頭自然也能吸引人們繼續讀下去。

　　一個好的作文開頭都具備幾個特質：

　　（1）文從字順。

　　（2）簡明扼要。

　　（3）富有新意。

　　如果一開始敘述時，囉囉嗦嗦，東拼西湊，就容易使人不知所云，而且如果寫作手法千篇一律、毫無變化，也容易使人心生厭倦。

　　對小學生來說，由於初學寫作，往往不知如何下筆。其實，作文開頭也是需要勤練才能寫好的。這裡就教你一個練好作文開頭的絕

招：找出多篇優秀的範文，讀的時候先蓋住開頭部分，把後面讀完之後，嘗試著自己爲範文補寫開頭，寫好之後再看原文，比較一下，看看是原文寫得好還是自己寫得好呢？如果原文寫得好，那麼好在哪兒？如果覺得自己寫得好，那麼，原文差在哪兒？最後，還可以再想一想，還有沒有其他的開頭方法？只要你勤做以上練習，就一定能練好作文開頭。

陸 五招教你把作文寫得更具體

　　小學生剛剛開始學寫作文，最容易犯的毛病就是內容空洞、不具體，這樣，往往就會剛提筆寫了幾句話就再也寫不下去了，因為要說的話已經在短短幾句裡說完了。

　　要解決這個問題也不難，最首要的是要做一個生活的有心人，要仔細觀察，處處留心周圍的人和事。這是把一段話寫具體的基礎和前提。因為只有掌握了豐富的素材，寫作文時才有話可說。

　　另外，還有一些寫作時可以運用的方法能幫助你把作文寫具體：

　　招術一：把概括性的詞語換成具體的描寫。例如，我們要寫「天氣熱極了」，可以不用「熱極了」這類詞，而是把「熱極了」的具體情景寫出來：「三伏天的一個中午，天上沒有一絲雲，也沒有一點風。太陽像一盆火似的烤著大地，柏油馬路都被烤軟了。樹葉蔫了，垂著頭，知了在樹上乾喊：『渴啊！渴啊……』狗躲在樹蔭下，伸出舌頭直喘粗氣。」這段話中沒有一個「熱」字，卻把「熱極了」寫得非常具體。

　　招術二：運用擴寫法。例如，「我的表弟長得十分可愛。」這

句話可以進一步從各方面進行擴寫，變成「我的表弟長得十分可愛。淡淡的眉毛下，一雙大眼睛又圓又亮，還帶著幾分俏皮的神情，筆挺的小鼻樑透著靈氣，紅紅的嘴唇咧開一笑，露出一口雪白整齊的細牙。」這句話從眼睛、鼻子、嘴唇、牙齒等各方面的描寫對「我的表弟長得十分可愛」進行了擴寫，變得更加具體。

招術三：給簡單的話「添枝加葉」。如果一個句子有了正確的主詞、動詞、受詞，那麼這就是一個完整的句子了。但是，要想使這個句子更加生動具體，就必須「添枝加葉」。例如「一隻小狗跑了過來」這句話簡簡單單，經過一番「添枝加葉」，便擴充成這樣一句話：「一隻黑白斑點的小狗歡愉地搖著尾巴，衝著我跑了過來。」

招術四：運用多種修辭手法。例如，「草地上有很多野花。」這句話可以採用比喻、排比等修辭手法來加以擴充：「碧綠的草地上盛開著五顏六色的野花，紅的像火，粉的像霞，白的像雲，黃的像金，爭奇鬥豔，好看極了。」這樣一改，句子就生動具體多了。

招術五：用具體的數字代替籠統的介紹。例如，簡簡單單一句「太陽離我們很遠。」給人的感覺就很抽象、很模糊。這時，完全可以用數字來進行具體的說明：「太陽離我們有三萬里遠。到太陽上去，如果步行，日夜不停地走，差不多要走三千五百年；就是坐飛機，也要二十幾年。」這樣，太陽離我們究竟有多遠就很明白了。

如何讓你的作文寫得波瀾起伏

古人說：「文似看山不喜平。」文章若一味地平鋪直敘，沒有一點起伏變化，像流水帳，那是很難獲得讀者喜歡的。因此，文章寫得波瀾起伏、搖曳多姿，才能激起讀者強烈的閱讀興趣。例如，中國古代的章回小說和現代的電視連續劇，在回與回之間和集與集之間巧妙地利用情節張弛起伏的變化，進而緊扣讀者和觀念心弦，使之欲罷不能。

要寫出波瀾起伏的作文，秘密就在於製造懸念，尤其是對記敘文來說，採用懸念法能使故事曲折生動、引人入扣。例如，〈媽媽變啦〉一文的開頭是這樣的：「一陣熟悉的腳步聲，由遠而近，是媽媽下班回來了。我和弟弟興沖沖地迎了上去。怎麼啦，媽媽一反往常，理也不理我們。她愁雲滿臉，默默地放下提包就直往臥室走去。」為什麼「媽媽一反往常」？這在讀者心裡留下懸念，進而激發了強烈的閱讀欲望。

小朋友們，你們也可以試一試，在寫作時不要一股腦兒把什麼話都說出來，有時候，適當地賣個「關子」能讓你的作文更加波瀾起伏呢！

捌 四招寫出聯想豐富的作文

　　所謂聯想，就是由一個事物想到另一個事物的心理過程。一篇聯想豐富的作文總是能讓人產生無窮的遐想，讀後回味無窮。你也想寫出這樣的作文嗎？這裡就教你四招。

　　第一招：對有相似特點的事物形成相似聯想。事物的相似處可以包括顏色、聲音、形態、動作等。例如，「遍地桃樹，年年桃花開時，就像那千萬朵朝霞落到海島上來。」這是以顏色為媒介，從桃花想到朝霞。

　　第二招：在空間或時間上相接近的事物形成接近聯想。說到「尼羅河」，想到「金字塔」，聽到打雷，想到下雨，前者是空間的接近，後者是時間的接近。接近聯想用得恰當，可以產生一環扣一環的作用，帶著讀者沿自己的思路飛跑。

　　第三招：在有因果關係的事物之間產生因果聯想。我們看到或者聽到一個事物，不僅會想到與此事物發生橫的關聯的其他事物，還會從此事物的發生原因或發展結果想到縱的關聯的事物。比如：「那一樹樹海棠果像一樹樹紅珊瑚珠一樣鮮豔、美麗，就像誰點燃了一種火

焰，而使得每棵樹都閃閃發光了。這時，一群群、一隊隊摘果子的婦女鮮紅的臉頰、漆黑的眼珠也閃閃發光了。」從海棠果像火焰一樣發光，聯想到婦女的臉和眼睛也在「火焰」映照下發光了。這就是從因聯想到果的例子。

　　第四招：在具有對立關係的事物之間形成對比聯想。例如，「……每經歷千年萬年，土壤才增加薄薄的一層，想一想那土壤厚達五十公尺的黃土高原吧！」由「薄」想到它的對立面──「厚」，突出了「薄」，也突出了「厚」，這就是對比聯想的互相反襯作用。

玖 如何寫好作文的結尾

　　一篇好的作文應該是「鳳頭、豬肚、豹尾」，也就是說，開頭要漂亮，內容要豐富，結尾要俐落。很多小朋友往往不太注意作文的結尾，常常草草了事，給人的感覺就像吃花生米吃到最後，卻吃到一顆發霉的，多掃興啊！所以，作文的結尾也必須精心安排，這樣才能給人留下深刻的印象，使得整篇作文渾然一體。

　　一般說來，結尾的方法有三種：

　　第一種是自然性結尾。這種結尾方法就是按一定的順序把事情敘述完了，文章也就到此為止，不再做其他的敘述。一般說來，事情的結果也就是文章的結尾。如小朋友們都感興趣的課文〈半夜雞叫〉，就是以周扒皮被長工們痛打了一頓，「倒楣喪氣，一肚子的話說不出來」作結尾。讀完課文後，沒有拖泥帶水之感，只覺得痛快淋漓、乾淨俐落，並為長工們的行為拍手叫好。

　　第二種是啟發性結尾。這種結尾方法是指作文結尾時做到「言有盡而意無窮」，即讓人回味無窮，得到啟發，受到教育。如小朋友們都熟悉的課文〈臘八粥〉結尾：「我沒有說什麼，含著淚低下頭去，

和他們一同剝起花生來。」這一結尾就是啓發性結尾。我們讀了以後會引起一連串的問題：作者爲什麼會含著淚？作者沒有說什麼，那麼她內心到底想說什麼？作者爲什麼要和他們一同剝起花生來？這裡，反映了作者一種怎樣的情思呢？……而這些問題又促使讀者進一步從課文裡去尋找答案。搞清了這些問題，也就加深了對文章的理解，獲得了更深的感受。

啓發性結尾有時也以作者的發問做結尾，如〈勞動最有滋味〉就以「要不，怎麼勞動會改變一個人的氣質呢？」做結尾。

第三種是總結性結尾。這種方法就是對文章所寫的事或景物、所表達的感情在文章結束時加以總結，使讀者得到一個清晰明確的總印象。總結性結尾有時是爲了進一步點明題意。

課文〈新型的玻璃〉結尾是這樣的：「在現代化的建築中，新型玻璃正在起著重要的作用。隨著科學技術的發展，新型玻璃將會創造出更多的奇蹟。」這種結尾就是一種總結性結尾。這是對前文生動具體地描述各種新型玻璃用途的總結，突出了新型玻璃的作用，也進一步點明了題意。

只要小朋友們能經常注意選用好的結尾方法，那麼作文一定會寫得更好。

拾 寫好看圖作文的三種方法

　　看圖作文是小學國語學習中一種重要的作文形式。對低年級學生來說，看圖作文可以訓練說話、寫話的能力，為書面習作奠定良好的基礎，對中、高年級的小朋友來說，看圖作文同樣也是提高習作程度的秘方。

　　在看圖作文中，看圖是手段，是基礎，是突破口；作文是目的，是重點，是結果。不會看圖，或者看不好圖，就無法成文。總之，看圖是第一步，作文是第二步。那麼，究竟怎樣看圖呢？這裡向你提供三個最佳辦法。

　　第一個辦法是圖意揭示法。也就是透過細心的觀察和精心的揣摩，既要看懂圖的本意、內容，也要把從圖中不容易看出的內容、本質揭示出來。在揭示圖意的過程中，一般都應遵循從整體到部分，再到整體的原則。也就是先對圖中畫的是什麼人、什麼事、什麼物、什麼景有個總體的大概瞭解，然後再按照一定的次序一部分一部分地觀察，分清主次，突出重點。如果是人物，就要看清是什麼人？做什麼？怎麼做的？以誰為主？他們的外貌、神態、動作、心理怎樣？人

物與人物，前景、後景與人物是什麼關係（可以給人物取個名字）等。最後再回到整體，看看所要說明的問題或揭示的道理。

第二個辦法是聯想擴展法。要想寫好看圖作文，除了看以外，還要從畫面出發，進行恰如其分、合乎情理的「聯想」。俗話說：「看得多，不如想得廣。」只有想，神思才能縱橫飛揚、起伏跌宕，行文也才能刻意求新、不同凡響。因此，除了畫面本身以外，還要依據畫面所提供的內容，再關聯日常所見、所聞、所想，想到畫面之外去。這種聯想，既來自畫面，又比畫面更廣闊，更自由，更豐富，更富有新意，是創造性的體現。

對多幅圖（連圖）來說，幾幅畫也只能是整個故事的幾個環節，這樣，許多情節也需要用聯想的辦法補充。只有想得寬，想得遠，想得細，寫時才能更完整，更具體，更形象。

這樣，有事物，有聯想，實實虛虛，敘敘想想，就使得文章的構思精巧，文筆馳騁，不同凡響了。

第三個辦法是藉圖抒情法。畫面中人物位置的擺放，前景、背景的搭配，人物外貌、姿勢、神態以及相互關係的設計，線條的粗細、色彩的濃淡、光澤的明暗等，都是經過畫家統盤籌劃、深思熟慮的，飽含著作者的喜、怒、哀、樂、愛、憎、褒、貶。因此，在看圖作文時，就要在揭示圖意、聯想擴展的同時，由畫到情，做到藉圖抒情。

拾壹 教你如何寫好網路書信

在這個一切都講究速度和效率的年代裡，方便快捷的電話似乎已經普遍地取代了耗時費事的書信，一躍成為現代人溝通的主要工具。然而，我們相信書信仍有其無法被完全取代的功效，例如，在某些細膩微妙情感的傾訴，某些不易啓齒的歉意的表達等等方面，書信——這種古老的文體仍然煥發著無與倫比的光彩。在午後的陽光裡，靜靜展讀遠方的來信，或提筆在信紙上娓娓而敘，那是多麼美妙的情景！至於E-mail也不過是披上了網路外衣的新形式的書信。

傳統的書信寫作有相當嚴格的講究，從稱謂到署名，從開頭的問候到信尾的祝詞等等，都有詳細的規定，半點也不能錯。如今的書信雖然不必過於拘泥於老舊的規矩，但必要的格式還是應當遵循的。

網路書信在內容上還應該注意以下幾方面：

其一，寫信是和別人溝通思想，交流資訊，商量事情，協調行動，所以，你在書信中表達的思想一定要明確。只有這樣才能使別人易於理解你、信任你。

其二，寫信時所敘述的事情都要清楚明白，一定不要拐彎抹角，

如果寫得晦澀難懂就達不到我們寫書信的目的了。

其三，內容具體。各類書信在敘述事情、提出要求、回答問題時，一定要寫得具體、確切，盡可能詳盡，這樣才能讓對方充分瞭解。

拾貳 讓標點符號為作文增色

　　有的小朋友寫作文時很不重視標點符號。他們認為，只要把作文寫得棒棒的，標點符號算什麼？於是，逗號、句號、頓號不分，或者亂用一氣，結果寫出的作文讓人讀了丈二金剛摸不著頭腦。比如，有一個小朋友在題為〈記運動會〉的作文中寫了這樣一句話：「一千公尺賽跑到了最後衝刺階段，突然跑在最前面的王非，用力過猛，摔倒在跑道上。」從這句話的上下文看，句中的「突然」是表示王非在跑步行列中的位置在一瞬間起了變化，從後面到了最前面。然而事實卻是，王非起跑後始終都跑在最前面，「突然」是表示他的摔倒出乎意料。這篇作文的作者也是這個意思，但是沒有表達清楚。這是什麼原因呢？標點符號用錯了。如果在「突然」後面加上一個逗號，而把「王非」後面的逗號去掉，改成：「突然，跑在最前面的王非用力過猛，摔倒在跑道上。」這樣一改，就不會產生與事實不符的表達了。看！一個標點符號的位置前後變一變，就會產生兩種完全不同的表達效果，標點符號對於寫好作文是不是很重要？

　　一般說來，標點符號主要有兩個作用。其一是表示語言自然的停

頓。人們說話要一句一句地說，這種說話的停頓，在書面語言中就要靠標點符號來表示。意思講完了，用句號；意思沒講完，用逗號；並列的事物之間，用頓號。其二就是有助於表達思想感情。人們說話，是有感情的，隨著感情的發展，聲調會有抑、揚、頓、挫的變化，還要表現喜、怒、哀、樂、驚嘆、疑問等不同語氣。這種說話的聲調和語氣，在作文裡，也要借助於標點符號。例如，有強烈感情的一句話，要用驚嘆號；表示疑問的語氣，要用問號；呼叫時的長音，要用破折號；說話時表示強調的地方，用著重號；表示斷斷續續的語氣，用省略號等等。

正是由於標點符號具有上述作用，我們在作文中恰當地運用標點符號，不僅可以使語言有節奏，敘述有條理，而且，也可以使文章為之增色。國語課本中選學的名篇，都是運用標點符號的典範，值得大家揣摩和學習。

拾參　三個步驟修改一流作文

　　修改文章是整個寫作過程中的一個重要環節。古人說：「文章不厭百回改。」可見，要寫好作文，必須認真修改。對小學生來說，修改作文應遵循以下三步：

　　第一步：圍繞中心改題材。文章的中心思想是透過具體題材來表現的。素材必須以中心思想為主，凡是跟中心思想無關的一概不要，有關的也要分清主次，選取那些最足以表現中心思想的題材來寫。有位小朋友寫了篇〈記一次建校勞動〉的作文，先寫了烈日下動植物的情態，突出了那天天氣特別熱，再寫小朋友們在這樣的環境中怎樣勞動。修改時，他領悟到，用描寫景物來襯托小朋友們的勞動精神是可以的，但寫景文字過多，喧賓奪主，掩蓋了小朋友們的勞動熱情和幹勁。於是對這段景物描寫作了刪減，這樣一改，文章中心就突出了。

　　第二步：根據中心改結構。如果說中心是文章的「靈魂」，題材是文章的「血肉」，那麼結構就是文章的「骨骼」。只有具備堅實勻稱的骨骼，血肉和靈魂才能有所依附，有所寄託。只有用了恰當完美的結構形式，才能把文章的觀點和題材串連編織起來，使其成為一個

完整的有機整體。文章都有開頭、主體、結尾等部分。根據表達中心思想的需要，這幾部分的題材安排順序可以調換，也就是說可以用順敘的方法寫，也可以用倒敘、插敘的方法寫。順敘是按事情發生、發展和結局的先後順序來組織題材的；倒敘則是以結局或後面發生的事情起筆，然後回敘原委。不管用哪種方法寫作，都必須從文章的中心出發考慮篇章結構，哪些先寫，哪些後寫，哪些詳寫，哪些略寫，怎樣過渡，怎樣銜接，都要精心安排。凡是結構混亂、眉目不清的都必須修改。

第三步：推敲語言，修改標點。文章是透過語言表達思想的，敘事不清，說明紊亂，讀起來不順當，就要認真推敲、修改，使句子結構合理，前後連貫，語意清晰。在用詞準確、語句通暢的基礎上，還要講究修辭，使語言生動、具體。標點符號是書面語言不可缺少的組成部分。標點符號的使用是否正確，關係到能否正確地表達思想感情。所以，文章寫完後，一定要認真審查，看看標點符號用的是否正確。

「玉越琢越美，文越改越精」。好作文是在不斷修改中產生的，因此，小朋友們寫作文，一定要養成認真修改的習慣，逐步提高自我修改作文的能力。

　　另外，寫作文時，由於大腦的活動總是比手的活動要快，所以想的比寫的快，往往就會一想到就寫下來，這樣寫出的作文難免不夠精練。因此，要想寫出一篇優秀的作文，一定要在寫完之後再做一番徹底的、全面的檢查，最好是大聲朗讀幾遍，這樣才能準確地發現問題。

　　作文一經朗讀，有時會發現不夠流暢的問題，這時，如果你反覆推敲、仔細思考，往往可以得出更適切的詞來；有時句子太長，大聲一讀，就會發現前後語氣不順，必須修正；有時會察覺段落之間跳躍太大，需要加上一些適當的銜接語句。總之，透過朗讀來修改作文的效果比默不出聲地看好得多。而且，由小朋友們自己來修改文章，可以最大限度地保留作文原貌，而且可以避免作文中出現不相稱的「大人腔」。

附一：親子小提示──寫給父母的話

1、鼓勵孩子寫日記

　　學習理論中，桑代克曾提出「嘗試錯誤」法，藉由不斷嘗試錯誤，學會正確的應用。寫作也是一樣。孩子在剛開始學習用書面語言表達自己的思想時，難免會犯很多錯誤，然後再在不斷的改正中學會正確的表達方法。對小學生來說，練習書面表達的最好方式是寫日記。

　　日記的內容自由，可以採用各種不同的文體和不同的用語表達多樣化的思維，最適合用來練習文筆。孩子在學會基本的寫作方法之後，父母就應當鼓勵孩子寫日記。剛開始的時侯，可以想到什麼寫什麼，願意寫什麼就寫什麼，透過這樣的方式可以培養孩子對寫作的興趣和初步的認識。

　　但是，值得注意的是，由於小學生對文章結構、主題等的把握能力較差，日記很容易寫成流水帳，成為生活瑣碎事件的紀錄，這時，父母可以建議和引導孩子自由選擇自己在一天當中所經歷的最值得記敘或議論的事情寫在日記中，同時鼓勵孩子大膽表達自己對某一件事

的看法，以及自己從這件事得到的啓示等等。透過這樣循序漸進的練習，孩子就能慢慢掌握寫作的技巧，對語言也能應用自如了。

2、重視想像作文

很多小學生怕寫作文，也寫不好作文。然而這並非是不可改變的。例如，想像作文就被很多孩子所喜歡。一位特級教師指出，如果有正確的指導，那麼寫想像作文一定能夠改變學生怕寫作文的現象。因爲，經常寫想像作文，不但激發了學生的寫作欲望，而且豐富了學生的想像能力，也啓動了學生的創造思維，培養了學生的創造能力，所以，做父母的不可忽視想像作文。

小學生可以寫的想像作文包括很多類型，如童話、科幻故事、題材續寫、故事改編、古詩文改寫現代文，還可以試寫小小說。

童話是小學生都喜歡的，無論低年級小朋友還是高年級學生。父母可以讓孩子看圖編童話、根據實物編童話等。但需要注意的是，所找的圖像或實物必須能讓孩子有新奇的感覺，能激發孩子的寫作欲望，而且在孩子編童話的過程中不要給孩子太多的限制，只有這樣，孩子創作的火花才會噴薄而出，文思才會如泉湧出。長此以往，孩子還會怕寫作文嗎？

　　利用古詩文改寫現代文，也是一個極好的訓練想像、創造思維與語言表達的形式。而且，讓孩子穿越時空的隧道，走近那些偉大的古代詩人和文人，體驗他們的感覺，孩子們會感到新奇而快樂的，同時，利用古詩文改寫現代文，也是一種很有效的美與情感的薰陶的手法。

　　總之，只要父母利用好想像作文，一定可以讓孩子愛上作文，寫好作文，並有利於培養孩子的創造思維和想像能力。

3、名人家教故事：從種子到參天大樹

　　俄國語學巨匠托爾斯泰很小的時候他的母親就去世了，是塔吉雅娜姑媽一手把他撫養長大的。

　　托爾斯泰7歲那年，見他二哥謝爾蓋辦了一個手抄本雜誌，很受啟發，便自己也學著辦了一個，取名為《兒童娛樂》。他用幼稚卻又工整的筆跡，抄上自己編寫的關於鳥類的7篇小故事。但是，哥哥們看不起他，不讓他投稿。《兒童娛樂》因為得不到支持被迫「停刊」了，「小編輯」托爾斯泰也暫時停止了活動。

　　但是，他並不甘心，過了不久，又開始編輯另外幾本雜誌。這

些雜誌是用練習本改製成的，封面上還畫著他自己創作的圖畫。雜誌裡的文章也不再是寥寥數行的小鳥的故事，而是比較長的歷史故事和其他故事。無論從哪個方面說，都比《兒童娛樂》有了很大提升。這時，身為「家長」的哥哥們也不再小看他了。從那以後，托爾斯泰更是熱衷於「寫作」，繼續編寫一些從大人嘴裡聽來的故事。

塔吉雅娜姑媽過生日的那天，孩子們紛紛給他準備了自己稱心的禮物，有的送上剛做成的小玩具，表達心意；有的拿出好吃的點心，表示祝賀；輪到托爾斯泰獻禮了，他卻出乎意料地拿出一張紙條，朗誦了自己寫的〈獻給親愛的姑媽〉的詩，詩寫得非常動人，朗誦得很有感情。

一向疼愛托爾斯泰的塔吉雅娜姑媽被深深地感動了，她顧不得拭去激動的淚水，把托爾斯泰摟在懷裡，一遍又一遍地親吻著，一面高興地說：「孩子，你寫得太好了，太好了。你寫吧，堅持寫吧。我相信你將來是會有成就的。」

少年托爾斯泰從來沒有聽到過這樣熱烈的鼓勵和讚譽，睜著吃驚的眼睛問：「姑媽，真的嗎？您說的是真話嗎？」「當然是真的，我絕對相信你！」姑媽這樣鼓勵他。從這天起，托爾斯泰每有創作就先

送給姑媽閱讀，並用文學形式向塔吉雅娜姑媽祝賀生日。

可以說，少年托爾斯泰是一顆正待破土而出的文學種子，可是，如果沒有塔吉雅娜姑媽的熱情栽培，這顆天才的種子是否能茁壯成長為參天大樹，恐怕就很難說了。正是姑媽即時與熱情的稱讚，造就了俄國文壇上的一段輝煌。事實上，當孩子在為自己的目標而奮鬥的過程中，常常會遇到或多或少的困難，這時，做父母的應該熱情地支援孩子，對此，孩子是會永遠感激你的。

附二：趣味國語常識

1、諾貝爾文學獎的由來

諾貝爾獎是用瑞典大發明家艾爾弗雷德·諾貝爾的遺產建立的獎金。

諾貝爾1833年10月21日生於瑞典首都斯德哥爾摩，1867年發明硝化甘油烈性炸藥。他先後在瑞典、德國、法國、英國和義大利從事爆炸技術和合成物質研究，一生共獲得355項發明專利權，贏得了一筆很大的財產。

1896年12月10日，諾貝爾病逝於義大利。根據諾貝爾的遺囑，將他遺產的一部分共920萬美元做爲基金存入銀行，用每年的利息（約20萬美元）獎勵給對物理、化學、生物學或醫學、文學以及在和平事業方面對人類有突出貢獻的人。1968年起，又增設了經濟學獎。無論什麼國籍和性別的人，只要符合要求，就可以獲得諾貝爾獎。

每年12月10日頒發諾貝爾獎。按慣例，物理、化學和經濟學三種獎由瑞典皇家科學院頒發；生物學或醫學獎由斯德哥爾摩加羅林醫

學外科學研究院頒發；文學獎由瑞典文學院頒發；和平獎由挪威議會頒發。每個授獎單位設有一個五人組成的諾貝爾委員會，負責評選工作。諾貝爾的候選人，由世界各國的科學院、大學和前得主推薦。諾貝爾獎包括一枚金質獎章、一張獎狀和一筆獎金。

2、中國語壇第一

（1）我國第一部詩歌總集──《詩經》

（2）我國第一部編年體史詩──《左傳》

（3）我國第一部國別體史書──《國語》

（4）我國第一部紀傳體史書──《史記》

（5）我國第一部語錄體儒家經典散文作品──《論語》

（6）我國第一部軍事著作──《孫子兵法》

（7）我國第一部專記一個人言行的歷史散文──《晏子春秋》

（8）我國第一部斷代體史書──《漢書》

（9）我國第一部文學批評專著──曹丕的《典論・論文》

（10）我國第一部文學理論和評論專著──劉勰的《文心雕龍》

（11）我國第一部詩歌理論和評論專著——鍾嶸的《詩品》

（12）我國第一部科普作品——沈括的《夢溪筆談》

（13）我國第一部水文地理專著——《水經注》

（14）我國第一部著名的戲曲作品——關漢卿的《竇娥冤》

（15）我國第一部日記體遊記——徐宏祖的《徐霞客遊記》

（16）我國第一部浪漫主義神話小說——吳承恩的《西遊記》

（17）我國第一部長篇諷刺小說——吳敬梓的《儒林外史》

（18）我國第一部個人創作的文言短篇小說集——蒲松齡的《聊齋誌異》

（19）我國第一部中篇小說——魯迅的《阿Q正傳》

（20）我國第一部雜文集——魯迅的《墳》

（21）我國第一部白話短篇小說集——魯迅的《吶喊》

（22）我國第一部散文詩集——魯迅的《野草》

（23）我國第一首長篇抒情詩——《離騷》

（24）我國第一首長篇敘事詩——《孔雀東南飛》

（25）我國第一首以信天遊的形式寫成的民歌體敘事長詩——李季的《王貴與李香香》

（26）我國第一篇白話短篇小說——魯迅的《狂人日記》

（27）我國第一篇報告文學作品——夏衍的《包身工》

（28）我國第一位史學家、文學家——司馬遷

（29）我國第一位偉大的愛國主義詩人——屈原

（30）我國第一位女詩人——蔡文姬

（31）我國第一位田園詩人——陶淵明

（32）我國第一位著名女詞人——李清照

（33）我國第一位兒童作家——冰心

（34）我國第一位童話作家——葉聖陶

3、重視鮮活的口頭語言

小朋友們在生活中大概常常會聽到「眼中釘」、「鑽漏洞」、「耳邊風」一類的詞語。這些詞語格式大都比較固定，具有一個特定的意義且具有強烈的修辭色彩，被稱為「慣用語」。在我們的作文中

適當地運用一些慣用語會讓作文增色不少。

　　慣用語活潑生動，常用來比喻一種事物或行為，相當於一個詞或片語，它的意義往往不能簡單地從字面上去推斷。如「炮筒子」是指性情急躁或心直口快的人，「狗腿子」是指壞人的幫兇。又如戲臺的柱子是十分重要的部分，沒有它，戲臺就會倒塌，於是人們就用「臺柱子」來表示戲中的主要演員，進一步又比喻一個集體中的骨幹。「敲邊鼓」是指從旁幫腔或助勢，並非真的是去敲邊鼓。

　　慣用語是人們在長期的勞動生活中口頭創造出來的，表義精練準確。我們在使用時，應該注意辨析它的意義，弄清它的感情色彩。「放冷箭」、「順竿爬」之類的詞，只能用在反面事物或否定的事物上；「打頭陣」、「唱主角」就不一定有貶義意味。而且，一些方言色彩過濃、不為多數人接受的最好少用或不用。

　　另外，慣用語雖然是一種較固定的片語，但定型性比成語要差些。「無孔不入」是成語，「鑽漏洞」是慣用語。我們可以把「鑽漏洞」拆開說「鑽了一個漏洞」「鑽了我們的漏洞」；卻不能把「無孔不入」說成「無一孔不入」，更不能說成「無我們的孔不入」。

4、書信別稱知多少

在古代，書信有各種不同的別稱。

簡：在沒有發明造紙術之前，我國曾用削成狹長的竹片做為書寫素材，人們把這種竹片稱為簡。用於寫信的竹片便稱為竹簡。

牘：古代書寫用的薄而小的木片稱為牘，漢朝對簡和牘串起來寫字時，詔書律令寬不超過3尺，一般書信寬不過1尺，故將書信稱為尺牘。

柬：在古代，柬與簡通用，是信件、名片、帖子之類的統稱，如請柬、賀柬、書柬等。

素：古代稱白絹為素。用白絹（或綢）寫成的書信稱為尺素，後來「素」成為書信的代稱。

箋：箋原是精美的小竹片，供人們題詩或作畫用。一般信紙也叫箋，後引申為書信的代稱。

函：函原指信的封套。古代寄信用木匣子郵遞，這種匣子叫函。後來就稱信件為函，如函件、來函、公函等。

箚：箚在古代指書信，公私文書。箚的原意為古代書寫用的小木簡。現仍通用「信箚」一詞。

書信的上述別稱都和我國古代寫信用的素材有關。

除此以外，古代書信還有一些別稱：

鴻雁：這個典故出自《漢書‧蘇武傳》：「言天子射上林中，得雁，足有繫帛書，言武等在某澤中。」所以，後來用鴻雁代稱書信。

鯉魚：這個典故出自漢樂府詩《飲馬長城窟行》：「客從遠方來，遺我雙鯉魚，呼兒烹鯉魚，中有尺素書。」正因為常用鯉魚代指書信，所以古人往往把書信結成鯉魚形狀。

書筒：書筒原指盛裝書信的郵筒，古代書信寫好後常找一個竹筒或木筒裝好再寄。所以，後來書筒也成了書信的代稱。

八行書：在古代，人們的信件通常每頁八行，故稱為八行書。

5、唐朝詩人發表自己作品的方法

我們今天寫一首詩、一篇文章，可以透過報紙、雜誌、書籍、廣播、電視、網路等途徑得以發表。那麼唐朝詩人的浩瀚詩篇，在當時是如何發表的呢？

（1）即席賦詠

大曆年間盧綸、李瑞等所謂的「十才子」，經常奔走於豪門權

貴、王公貴族的宴席，當場賦詠、朗誦自己的酬答附和之作，因而名聲大振。

（2）呈示寄贈

這是當時最普遍的方式，如李白的《贈汪倫》、《沙丘城下寄杜甫》，有些詩雖不以「贈」、「寄」爲題，但也是贈送別人的。有些詩人直接把自己的新作向友人吟誦。杜甫的詩友蘇渙，就曾到杜甫的船上，當面把自己的詩吟誦給杜甫聽。

（3）投諸名流

唐朝許多學子文士爲了獲取聲譽，就把自己的得意之作獻給當時的名流，以便流傳頌揚。

（4）牆壁題詩

驛館、驛亭、寺觀等公眾場合的牆壁和柱頭，都是唐朝詩人約定俗成的詩歌「發表園地」。白居易《藍橋驛見元九題詩》中說：「每到驛亭先下馬，循牆繞柱覓君詩。」

（5）「詩板」題詩

這是中唐以後的一種方式。晚唐咸通年間，詩人薛能經過蜀地飛

　　過泉亭，曾看見「亭中有詩板百餘」，可見詩板題詩當時也很普遍。

　　唐朝詩人「發表」詩作的方式還有很多。道士詩人唐求曾把自己的詩裝在葫蘆內，放在河溪中流去，以便得到更多人的頌揚。

第六章
讓口頭表達能力與語言交際能力
完美結合

小學生口頭表達三字經

1、怎樣朗讀

口齒清，讀準音，不丟字，不添字，

不重複，不顛倒，不破句，不磕巴，反覆讀，須流暢。

陳述句，語調平；感嘆句，調下降；

疑問句，調上揚；辨清句，讀好調。

停頓時，有層次，按節奏，做強音，重讀音，有規律，

快與慢，按感情。

2、怎樣發言

細聆聽，明問題，抓關鍵，精整理。

有頭尾，語通暢，口齒清，聲宏亮。

貳 經常朗誦好處多

　　經常進行朗誦有很多好處，它可以提高小朋友們對文字的理解能力，還可以提高語言表達能力。同時，由於透過朗誦能接觸到許多文學作品，因此小朋友們還能在美的享受中提高鑑賞能力和藝術修養。要想學好國語，就必須練好朗誦的基本功，光靠默讀、瀏覽，是學不好國語的。用個具體的說法就是，默讀、瀏覽就像是聽作者講話，而朗讀則像是和作者一起說話。

　　那麼，應該怎樣練習朗讀呢？下面幾點是小朋友們應該注意的，如果能夠全部做得到位，你日後將有可能成為著名的演說家。

1、聲音洪亮

　　朗誦是一門語言藝術，「朗」是聲音明亮清越的意思；「誦」是唸得很流暢的意思。聲音大，可以使我們的耳膜受到較強的刺激，再加上視覺的高度集中，就可以在大腦中留下深刻的印象。同時還可以培養清晰的口頭表達能力。

2、讀音準確

朗誦要用國語，讀音要標準，咬字要清晰、圓潤，字正腔圓。比如，「倆仨」的倆（ㄌㄧㄚˇ）和「兩顆」的兩（ㄌㄧㄤˇ）就不要讀混。又如，「衝在最前面」的衝（ㄔㄨㄥ）和「小麗衝我嚷」的衝（ㄔㄨㄥˋ）也不能讀錯。

3、自然生動

朗誦是一門語言藝術，要掌握和運用好音調的高低、音量的大小、聲音的強弱、速度的快慢，有對比、有變化，使整個朗誦如同一首優美的樂章。此外還得注意：語調的運用要自然，要符合作品內容的需要，切忌故作姿態、油腔滑調。另外，還要處理好句子裡的重音，透過對重音的把握，可以準確表達出作品的思想內容。

4、配合肢體語言

眼睛是靈魂之窗。小朋友們在朗誦時，應注意眼神要配合語言，把豐富的、變化的感情傳達給聽眾。缺乏演出經驗的朗誦者往往由於緊張，有的望天、看地；有的盯著一個地方說半天，有的眼光飄忽不定。而有經驗的朗誦者，眼神好像電視螢幕，似乎能把具體形象一個接一個展現開來。手勢和眼神一起，可以配合語言傳達形象，抒發情感。手勢的運用要恰到好處，既不要僵硬，又不要隨意亂動。

參 三招幫你練好口才

學習一門語言最重要的就在於應用，也就是說話。說話不僅能夠使人與人之間進行正常的交流、溝通，而且能夠鞏固我們所學的字和詞。許多小朋友都羨慕別人的好口才，事實上，只要你按照這裡所教的三招去做，堅持練習，你也能變得能言善道起來。

第一招：複述和仿述。學完一篇課文或讀完一個故事，先弄清課文或故事具體描述的部分和簡略描述的部分分別是什麼，然後盡量用自己的語言將其複述給小朋友們聽，這樣既提高了說話能力，同時又訓練了理解力和記憶力。此外，學完一個句子，可以仿照其句式再口頭造幾個句子出來。

第二招：按順序說話。每天晚上，把自己當天經歷過的事，按「先……再……然後……最後……」的句式，一一敘述給父母或小朋友們聽，一定要說出完整的過程。另外，還可以向父母描述你們的教室、校園，在描述過程中運用「前、後、左、右、上、下、中間、南、北、東、西」等表示方位的詞，盡量要表述清楚。前一種敘述是按時間順序，後一種敘述是按空間順序。這樣可以漸漸培養你說話的

條理性。同時，在敘述的過程中，要盡量做到繪聲繪色、生動有趣。

　　第三招：勇於發表意見。飯桌上，父母往往會聊一些工作上的、社會上的事情，隨著小朋友們年齡的增長，自然也能聽懂不少。這時，你完全可以參與父母的聊天，有時候如果和他們意見不一，還可以大家一起辯論一番。每次和爸爸媽媽一起外出，如果有所見聞，你也可以告訴爸爸媽媽，而且爭取讓他們聽清楚弄明白，並請爸爸媽媽評論你的觀點。只要長期堅持，你的說話能力就在「實戰」中得到了訓練和增強。

肆 關於聽出話外之音

有一個故事：戰國的時候鄒忌當了齊國的丞相。淳于髡（ㄎㄨㄣ）心裡很不服氣，就帶了幾個學生來見鄒忌。淳于髡大模大樣地坐在上位，他問鄒忌：「做兒子的不離開母親，做妻子的不離開丈夫，對不對？」鄒忌說：「對。我做臣子的不敢離開君主。」淳于髡說：「車蛄轆是圓的，水是往下流的，是不是？」鄒忌說：「是。方的不能轉動，河水不能倒流。我不敢不順著民情，親近萬民。」淳于髡說：「貂皮破了，不能用狗皮去補，對不對？」鄒忌說：「對。我絕不能讓小人佔據高位。」淳于髡說：「造車必須算準尺寸，彈琴必須定準高低，對不對？」鄒忌說：「對。我一定注意法令，整頓紀律。」淳于髡聽了這些回答，站起來恭恭敬敬地向鄒忌行了個禮就告辭了。同行的學生問：「老師剛來見丞相時，是那麼神氣，怎麼臨走時倒向他行起禮來了？」淳于髡說：「我是去叫他猜謎語的，想不到我才提了個頭，他就順口接了下去，他的才幹確實不小啊！對這樣的人我怎麼能不行禮呢？」

在這場談話中，淳于髡提了那麼多稀奇古怪的問題，鄒忌為什麼都能對答如流呢？這是因為他善於聽話，善於從對方問話的表面意思

裡，聽出問話的真意。人們在交際過程中，有時候出於某種需要，不把要說的意思直接說出來，而是採用諷喻、雙關、反語等修辭手法，含蓄地把意思表達出來，讓聽話人自己去琢磨、品味。因此，我們在聽話的時候，就要善於從別人的談話裡聽出言外之意，弦外之音。

伍 教你怎樣將故事講得生動

　　講故事是小朋友們在平時的學習和生活中經常會進行的活動，但有不少小朋友不會講故事，明明一個很生動、很有趣的故事，經他們講出來，就似乎全無味道了。這就是因為他們沒有掌握講故事的技巧。

　　要想學會講故事，首先要熟悉故事的內容，把握故事的中心。只有對故事的內容相當熟悉了，才不會在講故事時結結巴巴，前言不搭後語。而且，在熟悉故事內容的過程中，故事中的人物也能慢慢走進你的心靈，使你的情感變得豐富，在講故事時就會自然而然地帶上對故事中人物或尊敬、或鄙視、或喜愛、或仇恨等豐富的情感，這樣就會使得你所講的故事充滿了感染力，很容易打動聽眾。

　　其次，要想學會講故事還要注重表達。例如，講到情節緊張的地方適當地降低嗓門。而且，由於講故事是將書面語言轉換成口頭語言，所以一定要多學習一些生動活潑的日常口語，講故事的時候才會顯得自然，不做作。肢體語言也應該做為一種無聲的語言，起到相對的輔助作用。因為，講述者的體態、表情、動作等都能傳達豐富的訊

息。

　　最後，講故事時一定要做到心中有聽眾。具體說來就是，故事內容的選定，表達技巧的使用，都必須與聽眾的年齡、身分、愛好等結合起來，只有這樣，你所講的故事才會眞正受到大家的歡迎。

　　只要掌握了以上三點技巧，你就一定能講出大家都愛聽的故事。

陸 三步學會複述課文

有的小朋友提到複述課文就發愁，其實複述課文並不難，只要按照以下三步來做就非常容易。

第一步：熟讀課文。熟讀需要複述的課文是爲了加深印象，在心中形成整體概念。

第二步：加深理解。這是爲了把握好課文的總體結構，提練段落大意與中心思想，理出複述的綱要。

第三步：刪繁就簡。以課文中心爲主幹，以主要內容與關鍵字句爲基礎，以邏輯關係爲樞紐，濃縮課文，達到簡要複述的目的。也就是說，在熟悉並理解了課文的中心主題和思想感情的基礎上，盡量抓住課文的線索與主題，這樣才能既簡明扼要又不會跑題。

此外，除了忠實於原文進行複述外，小朋友們還可以試著透過改換人稱、改換角色、改換形式等不同形式來創造性地複述課文。例如，如果原文是用第三人稱的形式寫的，大家在複述時可以改用第一人稱的形式；如果原文是以正面人物爲主要陳述對象，那麼，在複述時可以改爲以反面人物爲主要陳述對象；如果原文是記敘文，可以改

成小話劇的形式，幾個小朋友一起來演，讓課文的複述變得充滿樂趣。

　　總之，只要小朋友們積極啟動腦筋，複述課文將不再是一件痛苦的事，而是變得充滿樂趣。

出口成章的秘密

　　小朋友們都學過曹植的《七步詩》吧？那可真是出口成章啊！其實，你只要認真瞭解一下就會發現，曹植並不是真的在走七步的過程中就很快地創作出了那首詩。事實上，他被自己的哥哥曹丕看成眼中釘已經很長時間了，心中強烈的怨憤之情早已經在胸中醞釀和積聚了很久了，一旦有了機會，必定一下子爆發出來。不瞭解的人看了，還真以為曹植是出口成章呢！所以，「出口成章」的第一個秘密就是要對自己要講的內容非常熟悉，也就是要先打好腹稿，什麼先講，什麼後講，都要有個安排，這樣，說的時候才不會東拉西扯地亂了套。第二個秘密就是，不同的意思要分層講，不可一鍋大雜燴，否則就會給人亂套的感覺。第三個秘密是，前後要連貫，上下句的關係要接得上，不要前言不搭後語。實際上，說話就像寫文章一樣，一段有一段的意思，先說什麼，後說什麼，次序也不能亂。

　　比如，你向別人介紹你的家鄉，說完地勢平坦，氣候濕潤，接著就說很早就有「魚米之鄉」的美稱，這中間就好像缺少了「盛產大

米」、「水產豐富」的字樣，否則，上下句意思就有些不連貫了。又比如，你向第一次來城市的農村親戚講在大街上應該怎樣走路，中間卻加上了「注意錢包」、「以防扒手」，意思就混亂了。如果要說，也要等把走路的事兒講完了再說。

只要經過反覆的說的練習，你就會真正掌握「出口成章」的秘密。而且，我們平時就要善於學習和思考，要養成說話的良好習慣，敢說、會說、愛說，而且會隨機應變。要自覺地對自己進行訓練，提高口頭表達能力。比如以「我愛吃的水果和蔬菜」、「我最佩服的人」、「這事怪誰」等為內容練習說話。只要堅持一段時間，你也能讓別人羨慕你的「出口成章」！

捌　如何把握好課堂的發言機會

現在，不少國語老師會在課堂上留出兩三分鐘的時間，讓小朋友們說說話。兩三分鐘的時間很短，但仍有不少小朋友覺得無話可說，而這主要的原因是由於大多數的小朋友不會選擇合適的話題。一般說來，話題的選擇應遵循以下三個原則：

第一個原則：選擇自己感興趣的話題。如果你喜歡音樂，就可以向大家介紹一個音樂家的故事，或者推薦一首歌，或者介紹某種風格的音樂。如果你是一個球迷，那麼可以發表自己對於某場球賽、某個球員的評論，或者向大家介紹一些相關的球場規則等。如果你愛好科學，那麼，你可以向大家介紹有關科學的新發現、新進展等等。由於這些話題是你感興趣的，講起來自然就會充滿熱情，也可以和小朋友們一起分享樂趣。

第二個原則：選擇自己熟悉的話題。比如，你可以向小朋友們推薦自己最近看過的一部好電影、一本好書，說一說自己在媒體上看到的新聞，講一講自己的朋友或親人的故事等。諸如此類的交流見聞式

的話題，在講之前不需要很多的準備，而且由於熟悉，所以講起來也是非常輕鬆。

第三個原則：講述自己的所思所感。比如，你最近在生活和學習上遇到了什麼困難，與朋友之間發生了什麼誤會，與父母之間有了什麼不悅，甚至你現在面臨的無話可說的尷尬等等，無一不可做為講話的內容。你的話匣子一旦打開，自然而然就會產生靈感。而且，這種真情流露的話題，一定會得到小朋友們的回應。

總之，在講話時，要盡量避免說那些大家都知道而又缺乏個人見解的話題。另外，有時候，課堂上講話的主題是老師事先確定下來的，那麼，在講話前你就應該翻閱、收集一些相關資料，抓住最重要的，然後把自己準備講的主要內容按順序列成一個簡要的提綱，這樣，講話的時候自然就是胸有成竹了。

玖 掌握課堂答問的竅門

課堂上不會答問的原因主要有兩點，一是課前的知識準備不夠充分，課堂上也沒有認眞聽講，二是掌握課堂答問的有關竅門。

如果是第一個原因，小朋友們就應該透過加強課前預習和提高課堂聽講的效率來做好課堂答問。課前可以採用初步的「圈、點、勾、畫」來做好預習，比如，用數字形式做好段落記號，以便跟上課內閱讀的節奏；在一些需要掌握的詞語下面打上小黑點；在中心句下面畫一條波浪線，把握課文主旨；在優美的語句旁打勾，仔細品味；在自己感到疑惑的地方畫上問號，以便在課堂上提問。另外，小朋友們在上課時一定要認眞聽講，不要心存僥倖，認爲反正老師也不會叫到我，就不專心，結果被老師叫到回答問題時站在那兒張口結舌，這是很不好的，長此以往，還會讓你對學習失去興趣。

如果是第二個原因，就請你認眞地讀一讀下面這段話。

課堂答問時，一定要分清題型，一般的知識類和記憶類的問題，可以透過回憶或查找筆記等方式來找到正確的答案進行回答；如果是分析類和理解類的問題，可以透過對號入座的方式，找到問題在課文

中的出處，關聯上下文，抓住關鍵字句回答；如果是具有創新性的問題，就必須關聯以前學過的知識或事實來回答，可以用「根據我們以前學過的⋯⋯」或「在我看來⋯⋯」、「我個人認爲⋯⋯」等等語句來開頭。

只要掌握了以上竅門，你的課堂發言就一定能讓老師和小朋友刮目相看。

附一：親子小提示──寫給父母的話

1、如何幫助孩子提高口頭表達能力

口頭表達是人們交流和溝通最快捷的方式。尤其到了現代社會，良好的口才已被看成是人的能力的一個極其重要的方面，同時也成為決定一個人生活和事業優劣成敗的重要因素。所以，身為父母者應該盡可能地幫助孩子練成好口才。這裡有三個好辦法。

（1）讀報講報

每天孩子放學回家，父母可以讓孩子獨立閱讀二十分鐘報紙，然後將讀到的內容說給父母聽。如果父母有不明白的地方可以向孩子提問，這樣讓孩子講得更加清楚。如果孩子有講錯的地方，父母就應該向孩子解釋，幫孩子糾正。這樣，孩子不僅可以瞭解到很多國內外發生的大事，學到很多課堂上學不到的東西，開闊了眼界，豐富了說話的內容，而且還從父母那裡學會了更為清楚的表達方式。

（2）議論時事

每天吃晚飯的時候是一個可以充分利用的好時機。爸爸媽媽可以

聊一些社會上、工作上的事情，而且應該盡可能讓孩子有發表自己意見與看法的機會。如果孩子的意見與父母不一致，甚至還可以辯論一番。這樣，孩子的說話能力就會在「實戰」中得到訓練。

（3）邊走邊看

父母有時候會帶著孩子一起外出。不管是走在馬路上還是坐在車上，父母都可以有意識地引導孩子仔細觀察身邊發生的事情，包括各種不同的廣告語，甚至商店名稱。之後，可以讓孩子把自己的所見所聞繪聲繪色地講給父母聽。

總之，只要父母方法得當並持之以恆，孩子自然就「能言善道」了。

2、如何幫助孩子提高口頭作文能力

口頭作文是一種與書面作文完全不同的作文形式。它是將自己的感受、認知等比較有組織的即興式的話語。身為父母，應該多讓孩子練習口頭作文，這樣可以迅速提高孩子的口頭表達能力。

一般說來，口頭作文的訓練可以分成三個階段進行。第一階段是看圖說文，第二階段是觀察實物說文，第三階段是觀察生活說文。

在第一階段，也就是看圖說文的階段，父母應該指導孩子看一幅或幾幅內容有關的連環圖，然後讓孩子根據圖畫內容口述一個故事。需要注意的是以下三個方面：

第一，讓孩子看的圖畫應該是故事性強，同時，圖畫應該含意明確、線條清晰、色調鮮明，既能與閱讀課結合又適合兒童年齡特徵和生活實際。這樣才能增強口頭作文的訓練效果。

第二，看圖時，應該先讓孩子大體瞭解圖意，得到一個初步的印象，然後逐一觀察圖上出現的事物，及其相互之間的關聯；最後進行整體觀察，盡量讓孩子完整準確地瞭解圖畫的內容。

第三，在孩子全面、細緻地觀察圖畫的基礎上，父母要指導孩子運用口頭語言，有次序地、一句一句地把圖意說清楚、說完整。說圖時，父母要注意因勢利導，即時糾正語病、語音。

在第二階段中觀察的實物包括靜物、景物、動物、植物和建築物等。在這一階段，父母要創造出誘人的情境，使孩子有話想說、有情想抒，同時，還應該教導孩子觀察和敘述的方法。例如，觀察景物的口頭作文可以按遠景近景順序、局部整體順序、時間變化順序等進行；觀察動物的口頭作文則可以按外形特徵、活動過程和生活習性等

分別進行描述；觀察植物的口頭作文要掌握植物生長過程、形狀、顏色進行描述；觀察建築物的口頭作文則應分別從數量、大小、高低、形狀、色彩等角度加以描述。

打好第一、二階段的基礎之後，就可以進入第三階段——觀察生活說文的階段了。在這一階段，父母要有意識地引導孩子觀察社會、學校和家庭中發生的有意義的或者有趣的事情，然後讓孩子口述見聞，發表意見。這將能培養孩子很強的觀察生活的能力。需要指出的是，父母應教會孩子在觀察生活說文時要掌握事物的來龍去脈，把時間、地點、人物、原因、結果和事件經過交代清楚，重點部分詳說，次要部分略說，做到重點突出，詳略得當。

另外，每次口頭作文之後，家長最好從以下四個方面對孩子的口頭作文進行評議：一評語音，二評思路，三評結構，四評內容。評語音就是評語音是否正確，語言是否規範，語調有沒有感情，句子是否完整，詞語使用是否確切。評思路即是評敘述內容條理是否清楚，想像是否合情合理。評結構即評敘述內容是否突出中心，詳略是否恰當。評內容即評敘述內容是否符合實際，前後有無矛盾。

總之，只要堅持讓孩子做口頭作文，同時對其進行適當的評論，

孩子的口頭表達能力一定會迅速提高。

3、如何提高孩子的演講能力

　　演講是一門很高的語言藝術，同時，它的應用也很廣泛，畢業時、就職時、宴客時等等，在各種場合下都可能會需要你發表演講。一般說來，演講能力的強弱不僅能反映出一個人口才的好壞，更能反映出一個人素質的高低。所以，父母切不可忽視孩子演講能力的培養。

　　那麼，怎樣才能提高孩子的演講能力呢？建議父母從以下五方面入手：

　　（1）找一些符合孩子理解力的優秀演講詞，幫助孩子分析那些演講詞的思想、結構、語言等，並讓孩子多朗讀幾遍，力求讀出感情和氣勢來。條件允許的話還可以找來相對的錄音帶或CD，讓孩子反覆聽，然後效仿。

　　（2）引導孩子多閱讀一些適合他們程度的名篇佳作，好詞好段，以幫助他們開闊眼界，豐富辭彙，為今後的演講做好資料的儲備工作。

（3）幫助孩子把握好時間。演講一般說來是有時間限制的，不像寫作那樣可以慢慢地思考之後再慢慢地寫，而且，講出來的話不像寫出來的字那樣能用橡皮擦擦掉。所以，演講時講求語言通暢如行雲流水。這就要求在演講前做好細緻周到的準備工作，至少要列出一個演講提綱，如果時間允許，最好是寫一份完整的演講稿。在平時的訓練中，父母要注意培養孩子的時間觀念，可以採用限時訓練的方式提高孩子的說話速度。

（4）讓孩子觀摩名演員或著名演講家的現場表演，或者讓孩子觀看相關的DVD，並進行模仿。因為演講對演講者的要求是多方面的，除了相當的口頭表達技巧外，還要透過臉部表情、手勢、動作等身體語言來渲染氣氛，強化效果。

（5）盡量為孩子提供當眾演講的機會。無論孩子在平時練習得多好，初次上臺時總會怯場。美國演講家詹寧斯・伯瑞安第一次上臺演講時，兩個膝蓋抖得幾乎要碰在一起了。要消除這種緊張心理，說再多安慰的話也沒用，最好的辦法就是讓孩子經常當眾說話，比如家裡來了很多客人的時候，可以刻意地讓孩子在客人面前進行一些小的「演講」，或者也可以和老師多關聯，讓老師注意經常讓孩子當著全班小朋友發言或演講等等。只要孩子闖過了「第一次」這個關口，孩

子自然而然地就會老練起來。

4、名人家教故事：多讀多聽學語言

在中國廣東省的梅州，有一座風景秀麗的東山。中國近代卓越的愛國詩人黃遵憲，就出生在這裡。他的整個童年時代都是在大自然的懷抱中度過的，備受大自然的陶冶。黃遵憲十歲那年開始學寫詩。老師以「一路春鳩啼落花」和「一覽眾山小」兩句詩分別為兩個題目，叫他寫出適當的詩句來。黃遵憲隨即寫下了這樣的詩句：「春從何處去？鳩亦盡情啼」以及「天下猶為小，何論眼底山」。尤其這後兩句，口氣頗大，不同凡響，在當地的一班紳士們看來，似是「大富大貴」的象徵。黃遵憲因而備受他們的青睞。

黃遵憲十歲能寫出這樣的詩來，除了因為他熱愛大自然，對大自然的景色早已熟稔於胸之外，還與他自幼受到父親、曾祖母的薰陶與教育有著密不可分的關係。

黃遵憲的父親是做官的，同時又是一位當時較有名氣的詩人。他那「平日讀書養氣」的詩人性格，對幼年的黃遵憲，起了「潤物細無聲」的影響。

但那時對黃遵憲影響最深的，恐怕要數他那位慈愛的曾祖母。黃

遵憲三歲時，曾祖母就把他抱去撫養，三、四歲即送他入私塾讀書。因為他年齡太小，曾祖母再三關照塾師要多給他點自由，不要太過嚴厲。他的曾祖母是一位出身知識分子家庭的大家閨秀，酷愛民間文學，尤其喜歡在晚上命人演唱當時流行的彈詞。當黃遵憲還在牙牙學語時，曾祖母就開始教他唱兒歌了：「月光光，秀才娘。騎白馬，過蓮塘。蓮塘背，種韭菜。韭菜花，結親家。親家門口一口塘。放個鯉魚八尺長。」這首兒歌調子輕快，富有想像力，充滿生活情趣，黃遵憲很快就唸熟了。不久，曾祖母又教他讀《千家詩》，像「清明時節雨紛紛，路上行人欲斷魂。借問酒家何處有？牧童遙指杏花村。」儘管黃遵憲那時還不識字，但多聽多讀，也自然能朗朗上口了。

附二：趣味國語常識

1、名人的口才是這樣練成的

　　口才並不是一種天賦的才能，它是靠刻苦訓練得來的。古今中外歷史上所有口若懸河、能言善辯的演講家、雄辯家。他們無一不是靠刻苦訓練而獲得成功的。

　　美國前總統林肯為了練口才，徒步30英里，到一個法院去聽律師們的辯護詞，看他們如何論辯，如何做手勢，他一邊傾聽，一邊模仿。他聽到那些雲遊八方的福音傳教士揮舞手臂、聲震長空的佈道，回來後也學他們的樣子。他曾對著樹、樹椿、成行的玉米練習口才。

　　日本前首相田中角榮，少年時曾患有口吃，但他不被困難所嚇倒。為了克服口吃，練就口才，他常常朗誦、慢讀課文，為了準確發音，他對著鏡子糾正嘴和舌根的部位，嚴肅認真，一絲不苟。

　　中國早期無產階級革命家、演講家肖楚女，更是靠平時的艱苦訓練，練就了非凡的口才。肖楚女在重慶國立第二女子師範學校教書時，除了認真備課外，他每天天剛亮就跑到學校後面的山上，找一處

僻靜的地方，把一面鏡子掛在樹枝上，對著鏡子開始練演講，從鏡子中觀察自己的表情和動作，經過這樣的刻苦訓練，他掌握了高超的演講藝術，他的教學水準也很快提高了。

中國著名的數學家華羅庚，不僅有超群的數學才華，而且也是一位不可多得的「辯才」。他從小就注意培養自己的口才，學習國語，他還背了唐詩四、五百首，以此來訓練自己的「口舌」。

這些名人與偉人為我們訓練口才樹立了光榮的榜樣，我們要想練就一副好口才，就必須像他們那樣，一絲不苟，刻苦訓練，正如華羅庚先生在總結練「口才」的體會時說的：「勤能補拙是良訓，一分辛苦一分才。」

2、妙趣橫生的繞口令

繞口令，也叫「急口令」、「拗口令」。它是中國民間廣為流傳的一種語言遊戲。繞口令把發音相同、相近、容易混淆的字、片語合在一起，構成反覆、重疊、繞口的句子，要求一口氣急速而準確地唸出來。它的有趣之處就在於繞口，一不留神就會出錯。自古以來，勞動群眾就喜愛創作和傳說繞口令，不但內容豐富，數量眾多，許多繞口令還編寫得十分精巧，有的本身就是一首優美的詩歌，使人樂於

頌讀。近年來，科學家的研究顯示，繞口令這種獨特的語言藝術除了能訓練人的口才，提高人的語言表達能力，提高大腦反應的敏捷性之外，還特別有益於兒童的智力開發。

所以，小朋友們在課間假日、茶餘飯後，如果能和家人說上幾段繞口令，既可以活躍家庭氣氛，又有益於身心健康。此外，小朋友們在練習說國語的時候，唸幾段繞口令，就能較快地掌握難音，使舌頭更加靈活，說起話來更加流暢，另外還能學到一些口語，增加學習興趣。

現在就來試一試吧！看看你讀得準不準：

（一）

高高山上一條藤，藤條頭上掛銅鈴，

風吹藤動銅鈴動，風停藤停銅鈴停。

（二）

一堆肥，一堆灰，肥混灰，

灰摻肥，不要肥混灰，防止灰摻肥。

（三）

紅紅糊紅粉燈籠，給軍屬送光榮燈；

芬芬糊粉紅燈籠，給軍屬送燈光榮；

紅紅糊完紅粉燈籠，糊粉紅燈籠；

芬芬糊完粉紅燈籠，糊紅粉燈籠。

3、避諱

熟悉《天方夜譚》的小朋友都知道，「夜譚」就是夜間說話、講故事的意思，其實就是「夜談」。那麼，為什麼不直接寫「夜談」，而寫成「夜譚」呢？這得說到中國古代的一種習慣——避諱。

在古代封建社會裡，人們在說話或寫文章時，如果遇到皇帝或尊長的名字以及與他們相關的字時，都不能直接說出或寫出，甚至於同音的字說話時也要避免唸出來，必須用別的字來代替，這就叫做避諱。例如，古時候皇帝去世了，不能直接說死，要說「駕崩」或「山陵崩」。

唐太宗李世民在位時，他的名字就成了人們的避諱。一次，大文學家柳宗元寫了一篇《捕蛇者說》，結尾要用到「民風」這個詞，為了避諱，只好把「民風」寫成了「人風」。

　　同樣的道理，唐武宗的名字叫李炎。因此，從他當皇帝的那天起，人們說話、寫文章凡是遇到兩個「火」字相疊的字，都要避諱，用其他字代替。於是，人們在寫「夜談」時，就出現了以「譚」代「談」的怪現象，後來，人們習慣了，「談」與「譚」也就相通了。

4、「兒化」的作用

　　「兒」連在別的音節後面做詞尾時，就失去獨立性，和前面的音節融合成一個音節，使前一個音節的韻母帶上一個捲舌動作的韻尾，成為捲舌韻母，也叫兒化韻。這種現象叫做「兒化」。你還真別小看「兒化」，它在意思的表達上其實是有一定作用的。

　　有些詞兒化後表示喜愛的心情。如：鮮花兒、女孩兒、好玩兒、山歌兒等。

　　有些詞兒化後表示「小」、「少」的意思。如：小孩兒、竹棍兒、門縫兒、一會兒等。

　　有的詞兒化後表示溫和的態度。如：您慢慢兒地說、我和你說說貼心的話兒等。

　　有些動詞、形容詞兒化後變成名詞。如：蓋（動詞）——蓋兒

（名詞），畫（動詞）——畫兒（名詞），尖（形容詞）——尖兒（名詞）等。

有些詞兒化後意思變了。如：眼（眼睛）——眼兒（「小洞」的意思），頭（腦袋）——頭兒（「負責人」的意思）。

5、中外名人妙語拾趣

在中外歷史上，有許多名人在演講或交際中，往往口出妙語，或風趣，或雙語，都起到了很好的效果。這裡有四個小故事，從中你可以看到名人們是怎樣運用自己的智慧輕鬆化解難題的。

抗日戰爭勝利後，在東京組織了國際法庭，審判日本戰犯。中國派了梅汝傲大法官去，各國的法官都為座次排列爭論不休，有主張按打敗日本帝國主義貢獻大小排列的，但是這事不易量化。有主張按英文國名排列的，但是對有些強國不利，法官們都上了火。梅汝傲知道，不緩和一下情緒根本無法講任何道理，他說：「我看大家不要爭論了，用什麼法子都不如按代表團長的體重排名，誰最胖，誰就排在最前面。」他這一天真式的幽默，逗得大家都笑了。法官團長也輕鬆起來，說：「你這個辦法似乎只適合拳擊比賽。」梅汝傲說：「如果我的體重不夠，我就建議我國政府派一個重量級拳擊手來。」大家這

麼一笑，氣氛就緩和了。最後同意了梅汝傲的建議。以日本在美國密蘇里軍艦上簽署的投降書的順序看，那上面中國的排名是比較靠前的。梅汝傲用來解決難題、爭取優勢的言辭，實際上是一種小孩子思維的方式，但是卻起到了出奇制勝的效果。

1920年，加裡寧在一次會議上做報告，當時，有些農民對工農聯盟的重要性不甚理解，向加裡寧提出了這樣的質問：「什麼對蘇維埃政權來說更珍貴，是工人還是農民？」對此，加裡寧提高嗓音反問道：「那麼對一個人來說什麼更珍貴，是左腿還是右腿？」農民們聽了以後歡呼起來，掌聲經久不息。加裡寧的這句妙語，既恰當地反映出了工農聯盟的本質，又以左右同等重要做比喻，不易讓別有用心的人鑽漏洞。試想，如果用左右手做比，就沒有左右腿恰當，因人們多習慣用右手。此外，它還是根據農民特點從實際情況出發，有的放矢的產物。

出身於泥瓦匠的德國前國防部部長舒爾茨先生，學歷雖然不高，但名言卻留下不少，所以在德國幾乎無人不曉。在他擔任國防部部長時，有記者調侃地問：「部長先生，做國防部部長與做泥瓦匠，兩者有什麼共同性？」沒料到部長輕鬆地回答：「兩者都必須站在高處而頭不暈。」做泥瓦匠居高不暈才能幹好活，做政治家也要高瞻遠矚、

頭腦冷靜、不忘乎所以，才能控制時局。舒爾茨先生一語雙關，語意中肯。他不僅巧妙地利用自己低微的出身，於調侃之間道出爲人做事之眞諦，使人感到做泥瓦匠和做政治家同樣不易，還諷刺了那些以出身評價人的價值的世俗陳腐觀念。

第七章
全面提升你的國語素養

小學生培養國語素養三字經

1、如何訂學習計畫

訂計畫，很重要。

先目標，遠中近，德智體，有針對。

措施細，講效率，學與玩，巧結合，

多檢查，常調整，做主人，成良才。

2、如何預習

做預習，不可少。

初讀文，畫生詞，不明意，查字典；

細讀文，明內容，不理解，打個問。

課後題，動動筆，查資料，試解決。

上新課，效率高。

3、怎樣聽課

聽課前，做準備，書和筆，放好位，人坐正，心入定。

重難點，注意聽；疑難處，動腦筋。

腦眼手，齊參與。

下課後，細回憶。

4、怎樣做課堂筆記

專心聽，認真記，看摘要，明要點，

圈點畫，做旁注，複習時，有依據。

5、怎樣複習

通讀文，查缺漏，再精讀，攻難點。

翻筆記，憶講解。

做練習，用新知。

反覆練，記得牢。

6、怎樣做讀書筆記

讀書時，做筆記，成習慣，多得益。

記書名，記日期，定格式，有規律。

好詞語，先圈起，修飾名，多摘錄。

列提綱，概內容，明中心，談感受。

7、多讀、多問、多想

學國語，多讀書。

讀課文，如流水，精彩處，記腦中。

課外書，廣泛讀，勤摘記，是關鍵。

閱讀時，多提問，

審題目，須質疑。

爲何寫，怎樣寫，

在書中，細求解。

處處問，時時問，

問中學，學中問。

認真對待國語課

　　小朋友們很大一部分的國語知識是從課堂上學來的，所以，聽好國語課對於學好國語、培養良好的國語素養非常重要。那麼，怎樣才能聽好國語課呢？

　　首先，一定要集中注意力，課堂上應盡量跟上老師講課的思路。即便有時頭腦裡閃出一些想法，也要先在書上或筆記本上記下來，留到課後去細細地想。如果偶爾漏掉一兩句重要的話，千萬不要就此打斷聽課的思路，一定要繼續往下聽，課後再去問老師或小朋友。

　　其次，要學會抓中心。實際上，一節課就像是一篇文章，也有個「中心意思」。老師安排一節課的「段落」、「層次」，都是圍繞著這個中心的。你不妨試試看，抓主幹帶枝葉的方法是很有效的。因此，小朋友們在聽課時一定不能光當錄音機，而是要善於思考，從老師的講課中找出重要的、規律性的東西。同時，還要特別注意老師反覆強調的和寫在黑板上的內容，因為這些都是提綱性的東西。切忌匆匆忙忙地有話必錄，一是由於我們的筆頭無論如何也趕不上老師的舌頭，二是由於面面俱到，反而會把握不住中心，容易記了芝麻，丟了

西瓜。

　　最後，還要堅持課前預習和課後複習。透過預習，大家能對課文的中心思想、重點和難點有個初步的印象。課後複習時，先把聽課的過程和老師所講的內容在腦子裡掃過一遍，然後擇重點深入複習和練習，這樣有助於進一步鞏固和掌握知識。

參 生活處處有國語

　　國語是一門基礎學科，同時也是一門特殊的學科。因為，中文是我們的母語，可以說，國語的學習貫穿了我們全部的生活。從你躺在搖籃裡聽大人講話的時候開始，從你呼喚第一聲「媽媽」的時候開始，就已經開始學習和運用國語了。在我們的日常生活中，不僅到處都可以學到國語，而且到處都用得著國語。不用說電影、戲劇、廣播、電視、圖書等不同的文學藝術形式，就連你走在大街上，那些廣告、店牌、啟事、告示，那些形形色色的人們講的話，只要你留心，到處都有學問。而且，國語學科與其他學科的最大區別在於，其他學科關注的是「說了些什麼」，而國語學科最關注的卻是「怎麼說」，先立足於表達的形式，然後再去把握「說什麼」。

　　小朋友們從小學開始就應該建立語言表達形式的意識，關注語言的運用，從一個個標點符號、一個個詞語、一個個句子開始建構屬於自己的言語世界。例如，我們口中哼唱的流行歌詞、電視裡耳濡目染的廣告語、生活中人們口中不時說出的絕妙好詞、網路BBS上人們率性的發言……如果仔細琢磨琢磨，你會發現，其中有些詞句是非常耐人尋味的，它們所用的語言、句式、修辭手法，如果我們模仿運用在

作文中，那一定會爲我們的作文增色不少。

　　只要你能做一個生活中的有心人，並長期不懈地堅持下去，必定能累積豐富的語言，培養出自己良好的語感，進而形成優秀的國語素養與人文素養。

肆 眼、口、耳、腦一齊調動

　　讀書和看書不一樣。讀書的時候，眼要看，嘴要唸，耳朵要聽，腦子要思索。讀比看要慢一些，但讀的印象要深一些。我們讀書，就是把無聲的字變成有聲的話，也就是說，要把文字還原成語言。

　　一般說來，讀的方式有三種，那就是朗誦、吟詠和說白。比如，用現代書面語言寫的東西，特別是政論文和新詩，都適合朗誦；用古代書面語言寫的東西，包括現代人寫的舊體詩詞，適合吟詠；而用口語寫的東西，比如老舍的小說、民歌、民謠、民間故事等，都可以用說白的形式來讀。這種似說話，又不完全像說話的讀法，樸素、親切、自然。當然，三種方式的區分並不是絕對的，在同一篇課文中，可能三種方式都要用到。

　　既然是「讀出聲」，按音量的大小又可分為大聲、輕聲和微聲三種讀法。比如你一個人在家裡或校園裡就可以讀大聲一點，這有利於記憶；在課堂鑽研課文，可以輕讀，邊讀、邊想、邊體會；老師進行課文範讀時，你可以微聲跟讀，嘴要動，但幾乎不出聲。這樣，可以從老師的朗讀中學到一些東西。當然，不管用哪種方式讀，最要緊的

是不能讀錯，不能隨便加減字，不讀別字，更不能串列。

除了這些最起碼的要求，更重要的是要進入角色，讀出感情來。讀書最好不要像蚊子嚶嚶叫似的，也不要高頻快速，或嘴裡像含著橄欖似地含糊不清。當然，更不能光動嘴不動腦，讀書不動腦子還不如不讀。

伍 展開聯想的翅膀

　　聯想是我們的大腦所具有的一種本領：當你接觸到某個人或者某件事情的時候，往往會想起其他的一些人或事。比如，閱讀文藝作品，欣賞音樂、繪畫之類，都需要聯想。當然，說話、寫作也不例外。精彩的聯想，總是形象很鮮明，思想很開闊，有創造性的。例如，許多人把時間比喻成黃金，諸如「一寸光陰一寸金，寸金難買寸光陰」、「時間就是金錢」等等。也有的人把時間比喻成流水，比如「光陰似箭」、「時光流逝」、「日月如梭」等等。但是，這樣說的人多了，就覺得缺乏新鮮感了。有人把這兩種有關時間的聯想又聯想在一起了，說時間既像黃金又像流水——抓住了就像黃金，一刻值千金；抓不住就像流水，一去不復返。這樣，經過了再創造，就使原來那兩種關於時間的說法，又獲得了新的生命。可見，精彩的聯想總能給人耳目一新之感。

　　既然聯想是這麼重要的一種本領，那麼，有沒有什麼辦法可以提高這種本領呢？當然有。首先要累積比較豐富的知識；再來就是勤於思考，經常有意識地要求自己在不同但是又有一定關係的事物之間進行聯想；此外，還要懂一點事物之間內在的必然關聯。總之，累積

的素材越多，聯想的素材就越豐富。這就好比兩點之間只能做一條直線，三點之間可以做三條直線，四個點不就能做六條直線了嗎？因為聯想就是點和點的關聯。只要堅持按照這樣去做，過不了多久，你的大腦就一定能展開聯想的翅膀了。

陸 如何正確使用標點符號

　　有這麼一個故事：一次，英國著名作家王爾德舉行宴會，客人都到齊了，卻不見王爾德的蹤影。大家餓著肚子等了很久，王爾德才匆匆趕到，向客人賠禮道歉。一位客人忍不住問他：「你到哪兒去了，這麼久？」王爾德神采飛揚地回答說：「噢，我完成了一件重大的工作，我在一篇文章中刪去了一個逗號，但仔細考慮後，我又把它加進去了。」王爾德把增刪一個逗號稱之爲「重大的工作」，可見，標點符號在文章中有著多麼舉足輕重的作用和神奇的力量。

　　要眞正學會使用標點符號，除了牢固掌握關於標點符號的基礎知識之外，還要從以下兩方面著手：

　　一方面是要注意標點符號的書寫及格式。標點符號要書寫規範，寫得不規範，會發生混淆。句號要畫個小圓圈（。），逗號像個小蝌蚪（，），頓號筆尖要向下頓（、），冒號是上下兩個小圓點（：），每一個標點符號都要力求書寫規範。而且，使用標點符號還要注意格式。一般一個標點符號佔一個格，寫在空格的左下方。省略號、破折號佔兩格。一行字寫完，沒有空格了，又恰巧需要使用標點

符號，就把標點符號寫在這一行最後一個字的右下方，不要寫在下一行第一格內。

另一方面是要養成自覺運用標點符號的習慣。不僅作文課上寫作文注意運用標點符號，就是寫日記、寫信、寫假條以及完成各科書面作業，也都要正確運用標點符號。同時，還要養成一邊作文一邊書寫標點符號的習慣，不要寫完了作文，最後再補充。

總而言之，正如中國文學家郭沫若所說的那樣：「標點一定要恰當。標點好像一個人的五官，不能因為它不是字就看得無足輕重。」

柒 國語知識記憶五法

國語這門學科中有很多知識需要記憶，例如拼音、生字、遣詞用字的方法等。不少小朋友由於沒有找到正確的方法，所以總是記了又忘，或者就是零零碎碎記了一大堆，用的時候又想不起來。這裡就教你五個好辦法。

1、新知識要趕緊記

無論是老師課堂上所教的，還是自己在課本中所學的新知識，甚至是自己在課外偶然所得的新知識，都應該即時地記下來，把它深深地印在腦子裡，不要輕易讓它「跑」了。

2、難知識弄懂再記

有些知識不大好懂。對於未弄懂的東西，要硬記下來是很困難的，即使記住了也很容易忘記。所以，一定要把那些困難的知識弄懂了、理解透了再記。

3、類似知識比較記憶

有些知識單獨記憶比較模糊，但是一經比較就能記得比較清楚

了。例如，一些形近字、近義詞等，經過比較，不僅能看出它們之間的關聯，更能看出它們之間的區別，記憶起來也就更省力。

4、結合課文內容記憶

對小學生來說，大部分國語知識都是融合在課文中進行學習的，所以，如果在記憶國語知識時，注意結合課文內容，那麼，記憶起來不僅更有趣，而且也會更輕鬆。

5、分散集中結合記憶

在平時的國語學習中，我們學習的知識基本都是零星的，這樣的教材安排雖然有利於大家對新知識的接受，但不利於對知識進行系統記憶。小朋友們可以在平時的學習中抓緊零星記憶，然後在某一方面的知識學完之後，將學過的知識進行歸納和整理，找出規律，然後再努力集中記憶。

捌 向名人學習累積資料的方法

　　舉凡知識淵博的人都有自己獨到的一套累積知識的方法，對小學生來說，有很多值得學習和借鏡的地方。

1、李賀式累積法——信手拈來，隨得隨記。

　　李賀是唐朝的優秀詩人，他寫詩有個習慣，喜歡跑到野外寫。他常常是一邊觀賞山水風景，一邊在心裡琢磨新奇的詩句，每想到一句，就趕緊把它記在紙條上，塞進自己隨身攜帶的「錦囊」裡。這樣，一句一句寫得不少了，就回到家中，將零散的詩句拿出來，加工組合成一首首完整的詩。李賀的很多著名詩篇就是這樣在「錦囊」中誕生的。

2、袁枚式累積法——處處留心，以人為師，學人之長，點滴累積。

　　袁枚是清朝著名的詩人，他非常善於向別人學習，他曾經嚴肅地說過：「並不是只有學問高深的人才可以做我的老師，就連村中的小孩、放牧的少年都可以做我的老師，因為從他們的一言一笑中我都可以擷取出優美的詩句。」有一次，正是隆冬時節，袁枚和一位鄰居在

一棵梅樹下偶遇，鄰居對袁枚說：「你看，梅樹有一身花了！」袁枚
聽了這話非常激動，心想，這不是詩嗎？於是，他默默地將這句話記
了下來，後來，便根據這個啓發寫出了「月映竹成千個字，霜高梅孕
一身花」的名句。

3、蒲松齡式累積法──從不間斷，廣泛探集。

蒲松齡是清朝著名的小說家。爲了寫好《聊齋誌異》，他在路
邊開了一家茶館，廣招街坊鄰里、過路行人，請他們講神鬼狐怪的故
事，只要發現有新內容、好情節，就提筆記錄下來，然後整理、編寫
成文。經歷了二十多個春秋，著名的《聊齋誌異》終於寫成了。

4、魯迅式累積法──廣閱文獻，銳意窮搜。

魯迅是中國著名的現代作家，他爲了編寫《中國小說史略》，從
1901年前後就開始搜集有關資料，由於他當時經濟條件不太好，只好
到圖書館去研究、摘錄，先後花了二十年的工夫；此外，魯迅先生爲
了編寫《小說舊聞抄》，曾從90餘種、1500多卷古書中摘錄資料；爲
了輯錄30多萬字的唐以前的小說逸文《古小說鉤沈》一書，也從幾十
種古小說中精心挑選資材，不厭其煩地抄錄。

5、達爾文式累積法──向大自然索取最基本素材，從實踐中獲取第一手資料。

達爾文是英國傑出的生物學家，進化論的創立者。他從小就熱愛大自然，喜歡觀察自然和採集生物標本。1831年12月，達爾文以自然科學家的身分，參加了英國政府派遣的「貝格爾」號巡洋艦的環球旅行。在五年旅行中，他考察了許多地方，採集了許多標本，特別是在南美洲看到的關於生物的地理分佈和現存生物與古生物在地質上的關係，為他寫作《物種起源》提供了極大的幫助。

玖 讓卡片鞏固你的記憶

我們讀書都有這樣的體會，或讀到精彩處拍案叫絕，或覺得某個觀點很受啓發，或覺得某個資料很有價值，當時記得清清楚楚，可是，隨著時間的推移，印象越來越模糊，直到要用的時候，甚至連在哪兒讀過都記不起來了。

怎麼辦呢？做資料卡片吧！卡片是幫助人們累積學習資料的重要手法之一，它可以將有參考價值的資料，分門別類地摘錄下來，一旦需要，就可以拿出來，如果資料不夠，還可以根據卡片所提供的線索、書名等項目查閱原著。做資料卡片不僅能幫助鞏固記憶，增長知識，而且可以訓練思維，提高寫作能力，激發創造能力。

按照資料的內容，卡片可以大致分為以下幾種：

第一種：摘錄式

讀了一部作品（或一篇文章），覺得其中的某個章節、格言警句、數字等有用處，就可以把它摘抄下來，當然，摘抄要有選擇，也要有重點。做摘錄卡片，一定要忠於原文，標明文章的題目和出處。

第二種：索引式

　　閱讀書籍或報章時，如果你覺得某篇文章立論新穎，題材生動，但因為文章太長，當時沒有時間摘錄，又不能把文章剪貼起來，這就需要做索引卡片。索引卡片必須準確地寫明文章的題目、作者的姓名，並且標明書刊的名稱、出版的日期。如果是書籍，還要記下出版社名稱，哪一年出版的，第幾版，便於將來使用時核對查找。

第三種：提要式

　　如果是一篇很長的文章或厚重的書籍，不可能全文照抄，如果只摘錄其中一部分又不能完整地記錄其精華，遇到這種情況，最好做提要式卡片，就是用自己的話把作品的主要內容概括下來。

第四種：評注式

　　讀了一本書或一篇文章，有感而發，或抒情，或議論，點評要簡明扼要，要有自己獨到的看法。

　　此外，要建立好資料卡片還有幾個應注意的事項：

　　第一，卡片的規格要統一，比如卡片的大小、書寫方式等，都要固定下來，便於收集、整理。

　　第二，一張卡片通常只記一條資料，便於分類保存和查閱。

第九節　讓卡片鞏固你的記憶

　　第三，卡片應該定期分類整理，不然累積的資料如同一堆亂麻，無法查閱，等於沒有收集。分類辦法因人而異，例如，有的小朋友把自己的卡片分類裝入幾個信封袋，每個信封袋的封面上還題了富有文學色彩的名稱：「珍珠集」，主要收集詩歌、散文、散文詩等；「佳言妙語」，收集中外名人名言、諺語、歇後語；「歷史掌故」，收集一些歷史事件簡介，並加以評析；「治學之道」，收集彙編學習上各種經驗及科學方法等等。

　　總之，做資料卡片不是爲了「掉書袋」，也不是爲了做一個簡單的知識保管員，最終的目的應該在於應用。溫故而知新，應該經常翻翻、看看，淘汰過時了的資訊，補充新的內容。

拾 抓緊「五個一」工程

我們這裡的「五個一」工程指的是：一本字（辭）典、一份報紙（雜誌）、一部經典名著、一篇好文章、一本筆記本。做到這「五個一」，對小朋友們的國語學習很有幫助。

俗話說：「字典是不說話的老師。」如果每人都準備一本字典隨時帶在身邊，那麼就等於身邊多了一位老師。這位老師雖然不會說話，但它會隨時教你拼音、識義、辨別字形。所以，學會查字典，經常利用字典，對大家的國語學習很有幫助。

其次，訂一種報紙或雜誌，對培養學習國語的興趣大有益處。比如，一些辦得好的報刊大多有針對性，而且知識性、趣味性熔於一爐，文章活潑而有趣，信息量大，很受歡迎。試想，如果每個小朋友都堅持訂一種雜誌或報紙，如果再相互交換，你就可以讀到多種不同的報章雜誌了，自然而然就會養成良好的課外閱讀習慣。

除了報章雜誌之外，經典的名著做為中外文化的精華，無論是內容還是其表現手法，都遠遠超出通俗小說。比如《三國演義》、《西遊記》，其鮮明的人物形象，豐富的想像，令人過目難忘。如果大家

能做到一學期讀一本名著，不僅可以擴大文學視野，而且還能間接地豐富文學史知識，好處真是不少。

另外，我還建議大家每天讀一篇好文章或一首小詩。古今中外，簡潔精練的名篇佳作浩如煙海，只要你有足夠的毅力堅持下來，只需要一年的時間，一兩百篇文章或詩歌下肚，你寫起作文來就再也不會搜腸刮肚，愁眉不展，相反，你會對作文充滿興趣和自信。古人說得好：「熟讀唐詩三百首，不會作詩也會吟。」講的就是這個意思。

最後，需要注意的是，光看、光讀還不夠，還要多寫、多記。因為，再精彩的段落，再美妙的詩篇，久而久之，也會慢慢遺忘的。所以，為了使所學的知識長久地留下來，除了課堂筆記外，每人還要準備一本課外筆記本，記下課外閱讀的精妙格言、警句，有啟發意義的段落，有韻味的小詩及自己的心得體會。只要堅持下去，一學期下來，往往就能累積厚厚的一本，既有名言，又有小詩，還有自己的心得體會，可謂「百寶箱」，還愁學不好國語嗎？

拾壹 面臨考試如何調整好心態

中國是一個具有強烈考試意識的國家。中國考試的傳統是從隋唐時的科舉考試開始的。

中國既然這麼重視考試，所以，不少小朋友一到考試就感到心理壓力特別大，怕考不好沒法向家長交待，又怕考不好會傷自己的面子等等，結果「未上考場，心已發慌」。心情這樣緊張，考試自然就很難考好。

面對考試，小朋友們應該樹立「我行」的自信心，要相信自己的能力。因為，在考試中，最大的敵人不是別人，而是自己，戰勝了自己，就可以獲得成功。

要在考試時有一個良好的心態，首先就必須保持考前有充足的睡眠。如果睡眠不足，就會導致考前昏昏沉沉，考場上迷迷糊糊，心態自然不好。

如果在考前或考試過程中你感到緊張，比如，出現心跳加快、呼吸急促、出汗、頭昏、注意力不集中，甚至腹痛、噁心、頭痛等現象，那你可以嘗試按照以下的方法進行系統的放鬆訓練：先盡量排除

一切雜念，靜下心來，什麼也不想，把注意力集中到丹田（肚臍下一寸處），想像丹田中有一股氣，再想像這股氣由腹部上升到胸部，再上升到頭部，直到頭頂，然後再想像這股氣順著脖子，脊椎下降，回到丹田。這樣一升一降，反覆地進行，就能消除心中的雜念，收到消除緊張情緒的效果。

拾貳 水平加技巧讓你笑傲考場

在國語考試中，要想取得較滿意的成績，除了平時學習刻苦努力、掌握知識之外，最為重要的就是掌握答題技巧了。

如果你很幸運，也許當你打開試卷時會發現熟悉或比較熟悉的題目比較多。但是，如果你按順序解答題目，往往會做完前面的題目後，後面的熟悉或比較熟悉題目的答案又忘記了。因為那些熟悉的內容你不一定記得很對、很牢。怎麼辦呢？最好的辦法是：在草稿紙上記下此題答案中每個要點的關鍵字，這樣就可以有效地避免遺忘。

有時候，有些知識，平時明明記得非常清楚，在考場上卻突然想不起來，碰到這種情況一定不要慌，不妨試試先回想相關的線索或思路，然後再答題。具體來說，可以先回憶出記憶時的狀況或相關線索──它是什麼時候學的，老師是怎麼教的，當時與小朋友是怎樣討論的，自己是怎樣筆記的、解答的等。只要聯想到某一個線索，就可能引發出你所需要的整個回憶內容。如果「追憶思路法」不靈，那就暫時不要硬逼自己再想。因為在考場那樣氣氛緊張的場合，常常會越是想而越想不出來。這時不妨「暫停」回憶，有意轉移自己的注意

力，例如做其他的題目，檢查其他的題目，然後再回過頭來做這道題或回憶有關內容。這時很可能會成功。

對於沒把握的選擇題，可以採用排除法。也就是說，先把那些有明顯錯誤的選項排除掉，剩下的就只有一兩個或兩三個選項了。在剩下的兩三個選項中做出選擇，比從四、五個選項中選擇要容易得多。另外，試題或選項中的修飾詞必須加以注意。如果句子中包含有「所有的」、「總是」、「全部」、「從來」這類修飾詞，往往是一種錯誤的暗示，反之，包含有「通常」、「大都」、「大多數」、「某些」、「個別」這類修飾詞，常常是一種正確的暗示。最後，如果所有辦法都用過了還是不會的話，那就在考試結束之前猜一個吧！至少還有25％的正確機會。

如果你的答題速度很慢，考試時間都快結束了還有幾道題沒做完，怎麼辦？最好的辦法是，剩下的題目每一道都簡略地回答，這樣能比詳細回答一道題得到更多的分數。

附一：親子小提示──寫給父母的話

1、如何鼓勵孩子自覺地做練習

　　有不少做父母的為了讓孩子落實國語基礎，買回一大堆練習冊要他們完成，可是，孩子並不領情，常常把練習本束諸高閣，浪費了買書的錢不說，做父母也束手無策，孩子的國語程度依舊低落。這種情況說明，被動學習是徒勞無功的。

　　做練習是為了達到鞏固知識，最終達到熟練掌握、靈活運用的程度。如果一個學習活動會讓孩子覺得喜歡，那麼一定是因為它有趣、好玩。國語練習費時又費力，又須動腦思考，才能完成，無怪乎孩子們都避之唯恐不及。而且，孩子常常會有一種叛逆的心理，如果總被逼著去做自己不願意做的事，恐怕效果會適得其反。所以，如果爸爸媽媽們換種做法，不要對孩子要求得太嚴格，而採取「選擇式」的方法讓孩子練習，也許就不會造成孩子的抗拒了。

　　例如，每天寫一篇閱讀測驗，孩子不會覺得很煩，但他有時會有不想寫的念頭，怎麼辦？其實，碰到這種情況，就讓他用說答案的方式也可以，或者改變方式，變成讓他寫一篇閱讀測驗，做父母的來

寫答案，這樣不是有趣多了嗎？如果規定每天都必須寫一篇，一篇寫不完就不能休息，這樣，孩子一定會感到壓力沉重，同時漸漸厭惡學習。

所以，採用「選擇式」練習，只對孩子提出適度的要求，把學習的自主權還給孩子，反而更容易培養孩子學習的自覺性。做父母的，只需要憑藉自己的經驗，告訴孩子哪些比較重要，需要花大力氣去做，哪些不太重要，可以輕輕帶過，這就足夠了。只要孩子一有自動做練習的行為，就一定要鼓勵孩子，並給予適當的嘉獎，這樣，孩子才會經常自動自發地做練習，進而落實國語基礎，提高國語學習的實力。

2、如何幫助孩子糾正馬虎的不良習慣

小朋友們通常都比較貪玩，所以往往會潦潦草草地完成作業，因此導致了作業中經常會出現或多或少的錯誤，致使學業成績一直徘徊不前。而這些一定會讓你大為苦惱吧！對父母來說，你可以採用以下幾個辦法來糾正孩子寫作業時的潦草習慣。

（1）預防法

可以是在孩子完成作業前，提出適當要求。例如，直接要求孩子

認眞對待作業。也可以是平時就注意教育孩子工整地書寫。這樣可以防止孩子發生潦草完成作業的情況。

（2）榜樣法

也就是把別的孩子乾淨整齊的作業本借來給自己的孩子參觀、學習。孩子的模仿能力很強，同時好勝心也很強，經常看優秀作業，會激起孩子的進取心。讓孩子在「別的孩子能做到的，我也能做到」的心理支配下，控制自己不良的做法，由此養成認眞完成作業的良好習慣。

（3）對比法

當孩子作業有了一些進步時，用表揚來激勵孩子繼續努力，不斷進步。當孩子出現退步時，用誇獎他以前的好作業來抑制錯誤行爲。

（4）重寫法

如果父母經過多次誘導，孩子還是潦草地完成作業，這時父母就需要採用強制的手法，讓孩子重寫作業，使孩子重視作業品質。

總之，幫助孩子克服作業潦草的方法是很多的，具體運用時，要從實際出發，因人而異，靈活應變。

3、利用網路為孩子的國語學習打開另一扇窗

隨著人類跨入資訊社會，網路為我們提供的服務越來越便捷和多樣。孩子如果能在父母的幫助下充分利用網路，無疑會為他們的國語學習打開另一扇窗。

由於小學生是形象思維佔主導地位。因此，網上的音頻和視頻中生動的圖像、動聽的音樂、聲情並茂的朗誦，可以有效調動學生的聽覺和視覺器官，自然地將孩子帶入美妙的故事情境中，進而激發起他們主動閱讀的興趣和願望。

Internet是世界上最大的知識庫和資源庫，無論你需要哪一方面的資料，只要利用網路搜索引擎，輸入關鍵字，幾秒鐘後，電腦螢幕上立刻會呈現出若干條與目標相關的搜索資訊，你盡可以「隨心所欲」，獲取自己滿意的資訊。其方便、快捷是任何工具都無可比擬的。而且，各種相關知識都以連結的方式關聯起來，閱讀者可以根據自己的閱讀目的，從浩如煙海的資訊中選擇最有價值的知識。例如，父母可以教孩子從網路上查到許多有關課堂和課外學習的資料，根據自己的需要，自由選擇相關的內容進行閱讀。這對孩子的課前預習和課後複習都是很有好處的。

　　同時，藉助網路進行課外閱讀是一種既快捷又經濟的辦法。學完某一篇課文之後，父母可以向孩子推薦一些相同主題的文學作品。例如，孩子在學校學習了童話《醜小鴨》後，往往會被童話大師的魅力深深吸引，這時，父母就可以指導孩子上網查閱其他的安徒生童話，如《海的女兒》、《賣火柴的小女孩》等作品。童話大師的作品將會在他們的心靈中留下了非常深刻的印象。孩子雖然從教材中只學了一篇童話，然而由這一篇童話引發的閱讀童話熱，使他們學到了很多的知識。這種課後延伸性閱讀，可以為孩子的國語學習開創一片全新的天地。

　　當然了，網路是一把雙刃刀，它的正面可以幫助小朋友們學到更多的知識，但是它的負面也是不容忽視的，因為網路上一些不健康的網站和廣告往往會玷污小朋友們純潔的心靈。所以，身為父母，必須指導孩子怎樣利用網路進行學習，而不僅僅是把電腦交給孩子就了事，如果這樣的話，則往往會害了孩子，還望父母們慎之。

4、名人家教故事：魯迅的「童子功」是這樣練成

　　魯迅剛滿七歲那一年，他那位嚴厲的父親周伯宜就把他送去私塾，拜一位遠房叔祖父周玉田為啟蒙老師。

就在這一年，魯迅在私塾裡讀得很苦的當兒，他的小姑媽來接他去離城30公里外的東關看五猖會。他樂得又笑又跳。

「去拿你的書來！」忽然間，聽到背後傳來父親的喝令聲。魯迅感到彷彿有一盆冷水朝頭澆了下來。他只好忐忑不安地拿來一本關於中國歷史的書《鑑略》。他和父親對坐在堂屋中央，父親教一句，他就讀一句。父親還不斷地警告說：「給我讀熟，背不出，就不准去看會。」「粵自盤古，生於太荒，首出御世，肇開混茫。」終於很快背出來了！只見父親點點頭，說：「不錯，去吧！」父親的嚴厲，似乎有點不近人情，給童年的魯迅帶來了痛苦。然而，正是父親的嚴厲，使魯迅從五歲起，便開始了博覽群書的生活。

除了嚴厲的父親之外，童年的魯迅還有個「以自修得到能夠看書的學力」的慈母，她常在一旁陪著魯迅讀書。還有那位可敬可愛的「長媽媽」，也常給魯迅講些稀奇古怪的民間故事，以及《山海經》裡的故事。

生活在這樣環境中的魯迅，到了十七歲，在家庭與學校兩方面的灌輸下，除了《論語》、《孟子》和另外一些儒家經典，魯迅還讀了《西遊記》、《水滸傳》等小說，學習了許多古典詩詞，「初學先誦

白居易詩，取其明白易曉，味淡而永，再誦陸游詩，志高詞壯，且多越事，再誦蘇詩，筆力雄健，辭足達意，再誦李白詩，思致清逸」。涉獵了大量的筆記和野史，對中國傳統文化有了相當高的素養，爲他日後光輝燦爛的文藝創作生活練就了紮實的「童子功」。

附二：趣味國語常識

1、「座右銘」的傳說

很多小朋友喜歡抄一些名言警句放在自己的書桌上、鉛筆盒裡，用來鞭策自己不斷進步。我們把這些名言警句叫做「座右銘」。這種寫出來放在座位旁邊或其他地方的格言為什麼叫座右銘呢？有兩種不同的傳說。

一種傳說是這樣的：宋朝時有個叫吳介的人很喜歡史書。史書中記載的可以汲取經驗教訓的事，他都抄下來，放在座位的右邊，稱之為「座右銘」。銘就是刻在器物上記敘生平、事業或警惕自己的文字。時間長了，他家連牆上、窗上都貼滿了警句、格言。以後就慢慢地傳開了。「座右銘」的內容也不僅僅是可以借鏡的往事，形式也不僅僅是限於放在座位的右邊了。

另一種說法是有關中國古代大教育家孔子的故事。據古書記載，春秋五霸之一的齊桓公死了，齊國人為了紀念他，就給他造了一座廟堂。廟堂裡擺設了好多祭器，其中有一種很特別的裝酒的器皿。它空著的時候是傾斜的，把液體裝進一半就直立起來。這種酒具叫欹（く

一）器。

　　有一天，孔子帶著學生到廟裡來朝拜，看到了一個傾斜的酒器，覺得很奇怪，於是就向廟裡管香火的人打聽。管香火的人告訴他，這是欹器。孔子於是想起了有關齊桓公的故事。他指著欹器對學生們說：「欹器空著的時候就傾斜，把酒或水倒進去，到一半的時候就直立起來，欹器裝滿了就又會傾斜。所以過去齊桓公總是把欹器放在他座位的右側，用來警惕自己絕不可以驕傲自滿。自滿就會像欹器裡裝滿了水，必然會傾斜倒覆。」說完，他就讓學生取來水倒進欹器。果然一切正如孔子所說的一樣。孔子又對學生說：「讀書也是一樣，謙受益，滿招損。你們一定要牢牢記住。」回到家裡，孔子也請人做了個欹器放在座位的右側，用來警惕自己活到老，學到老，永不滿足。以後，欹器被刻在金屬上的文字所代替，放在自己座位旁。書房裡的銘文也並不都是金屬警訓文字，還包括許多格言、警句。但「座右銘」這個詞卻一直用到今天。

2、國語裡的數字

　　國語並不是和數學完全沒有關係的，事實上，我們在國語學習中一不小心就會碰到數字。不信你看看：

　　例句一：一眨眼，月亮便躲到雲層裡去了。

　　據醫學界證實，正常人眨眼一次一般只有0.1秒。現在人們常用「一眨眼」形容時間很短。

　　例句二：我對戲曲的瞭解很膚淺。

　　據醫學專家測算，人類皮膚的厚度由眼皮的0.25毫米到背部的5毫米不等。現在人們常用「膚淺」一詞，形容學識淺薄，理解不深。

　　例句三：他走路慢得簡直像蝸牛。

　　據科學家測定，蝸牛爬行的最快速度大約是每小時12.2公尺。現在人們常用蝸牛爬行來比喻速度很慢。

　　例句四：過去的時間彷彿只是彈指一揮間。

　　例句五：剎那間，太陽發出奪目的亮光。

　　例句六：一瞬間，小剛就衝到了終點。

　　據《僧智律》記載：「一剎那者為一念，二十念為一瞬，二十瞬為一彈指，二十彈指為一羅預，二十羅預為一須臾。」由此推出，一晝夜為24萬「瞬間」或480萬「剎那」，一夜為86400秒，故而得知，一剎那約為0.018秒，一瞬間約為0.36秒，一彈指為7.20秒。現在「剎

那」、「彈指」、「瞬間」等詞都可以用來形容時間很短。

3、詩歌的由來

「詩歌」這個詞來自於中國古代。在古代，能配樂的韻文叫做「歌」，不能配樂的韻文稱為「詩」。「詩」和「歌」從一開始產生時，就像孿生兄弟一樣親密無間，所以人們總是把它們合在一起稱為「詩歌」。

中國第一部詩歌總集《詩經》是兩千五百年前問世的。《詩經》從音樂角度分為《風》、《雅》、《頌》三類。《風》大都是民間詩歌，《雅》、《頌》部分，有些是宴會的樂歌。都是先有樂，後填詞。到了後來，樂譜流失了，音樂也逐漸進化了。那些歌詞獨立存在，膾炙人口，流傳下來成為優秀的詩篇。

漢朝產生的「樂府」，也是合乎樂可以唱歌的詩。最初它並不是詩歌，而是由漢武帝開始創立的音樂機關。樂就是音樂，府就是官府。漢武帝建立這樣專司音樂的官府，制訂樂譜、搜集歌詞。到了魏晉六朝時就將樂府所唱的詩，簡稱為「樂府」，從此「樂府」就由一個機關名稱變為詩體的名稱，而且是唱出來的。

到了唐朝，形成了近體詩，也就是我們所學的律詩和絕句的通

稱。這種詩很講究韻律。律是指語言運用有嚴格的規定。韻是韻腳，指詩句尾字主要韻母帶發音相同或相近的音節。因此它形成了一種音樂美。

唐朝還形成了另一種文體──詞。它是和樂歌唱的。後來盛行於宋朝，發展到元朝成了散曲。它是一種新體詩，每個配樂唱歌的曲子都有一定的格律要求，有曲牌名。

隨著時代的變遷，新詩出現了。自由詩不好譜曲，所以詩與音樂的關係就逐漸疏遠了。但是一些優秀作品還是講究音樂美。因為新詩雖然沒有嚴密的格式，但是有節奏，有豐富的感情和聯想，語言簡潔精練，讀起來就像唱歌一樣。

4、我國農曆各月的別稱

一月：正月、端月、新正、開歲、嘉月。

二月：杏月、麗月、仲春、酣春、如月。

三月：桃月、季月、晚春、暮春、蠶月。

四月：麥月、陰月、梅月、初夏、餘月、純陽。

五月：仲夏、榴月、蒲月、皐月、天中。

六月：季夏、暑月、焦月、荷月、溽（音ㄖㄨˋ，濕潤）暑。

七月：新秋、肇（音ㄓㄠˋ，開始）秋、蘭秋、蘭月、瓜月。

八月：仲秋、桂月、壯月、仲商、竹春。

九月：暮商、季秋、菊月、霜序、朽月、陽月。

十月：初冬、開冬、露月、良月。

十一月：仲冬、幸月、葭（音ㄐㄧㄚ，初生的蘆葦）月、暢月、
　　　　龍潛月。

十二月：季冬、殘冬、臘月、冰月、嚴月。

5、模糊的時間小集

凌晨：零時到六時的一段時間。

黎明：天剛亮時。

拂曉：天快亮時。

清晨：日出前後的一段時間。

早晨：從天剛亮到八、九點鐘的一段時間。

上午：清晨到正午十二點的一段時間。

中午：白天十二點前後的一段時間。

下午：從正午十二點到日落的一段時間。

晚上：日落到深夜的一段時間。

傍晚：臨近晚上時。

黃昏：日落到星出前的一段時間。

午夜：夜裡十二點前後。

夜間：天黑至天亮的一段時間。

國家圖書館出版品預行編目資料

陪您的寶貝學好國語／陳光總主編
－－第一版－－台北市：宇炯文化 出版；
紅螞蟻圖書發行，2010.4
面　　公分－－(父母大學；8)
ISBN 978-957-659-766-4 (平裝)

1.漢語教學　2.小學教學

523.311　　　　　　　　　99004996

父母大學 **8**

陪您的寶貝學好國語

總 主 編／陳　光
美術構成／Chris' Office
校　　對／朱慧蒨、周英嬌、楊安妮
發 行 人／賴秀珍
榮譽總監／張錦基
總 編 輯／何南輝
出　　版／宇炯文化出版有限公司
發　　行／紅螞蟻圖書有限公司
地　　址／台北市內湖區舊宗路二段121巷28號4F
網　　站／www.e-redant.com
郵撥帳號／1604621-1　紅螞蟻圖書有限公司
電　　話／(02)2795-3656（代表號）
傳　　眞／(02)2795-4100
登 記 證／局版北市業字第1446號
港澳總經銷／和平圖書有限公司
地　　址／香港柴灣嘉業街12號百樂門大廈17F
電　　話／(852)2804-6687
法律顧問／許晏賓律師
印 刷 廠／鴻運彩色印刷有限公司
出版日期／2010年 4 月　第一版第一刷

定價 250 元　港幣 83 元

ISBN　978-957-659-766-4　　　　　Printed in Taiwan